모든 관계는 말투에서 시작된다 기분 좋은 사람으로 기억되는 사소한 습관

「また会いたい」と思われる人は話し方が違う

キム・ボムジュン 著 朝田ゆう 訳
김범준

扶桑社

모든 관계는 말투에서 시작된다
FROM THE WAY OF SPEAKING, ALL RELATIONSHIPS BEGIN
By Kim Beom June

Original Korean edition published in 2017 by Wisdom House, Inc.,
Japanese translation rights arranged with Wisdom House, Inc.,
through Eric Yang Agency, Inc and Japan UNI Agency, Inc.

記憶に残るのは話し方

よい人間関係を築くのはとても大変だ、とよくいわれます。相手の気持ちは必ずしも自分と同じとはかぎらないからです。

どうやったらあの人と仲良くなれる？　あの人はどうして私にイライラしているの？

そんなふうに、今この瞬間も、人付き合いがうまくいかずに困っている人は少なくないでしょう。誰かとの関係に頭を悩ませたり、疲れる食事の約束をしてみたり、無理にお酒の席を用意してみたり……。それなのに、どんなに努力しても人間関係はちっともよくならない。いったいどうすれば、相手の心を動かせるのだろう？

でも、もう心配しなくて大丈夫。人の心は、私たちが思っているよりもはるかにちょっとしたことで変わるものなのです！

イェール大学で心理学を教えるジョン・バージ教授が提唱した〈ホットコーヒー効果〉は、人間がいかに些細（ささい）なことで心を動かされるかを証明する代表例です。ジョン・バージ教授は、被験者をAとBのグループに分けてある実験をしました。Aグループにはホットコーヒーの入ったカップを、Bグループには氷入りのアイスコーヒーのカップをしばらく持たせてから、面接官をさせるという実験です。

実験結果は驚くべきものでした。

同じ人たちを対象に面接したにもかかわらず、ホットコーヒーを持たされたAグループの被験者たちは面接を受けた人全員を採用すると答え、アイスコーヒーを持たされたBグループは全員を採用しないと答えました。二〜三分持っていたコーヒーの温度が違うだけで、面接の結果がこんなにも変わったのです。

人の心を動かすのに大げさなことなど必要ないということが、この実験でよくわかります。

ところで、コーヒーカップの温度と同じくらいちょっとしたことなのに、どんな人間関係にも大きな影響を与えるものがあります。それは、「話し方」です。私たちはこれまで、いかにうまく話さなければならないか、交渉で成功するためにはどんな会話術が必要かといった「話し方の技術」にばかり気をとられてきました。でも、話し上手になるよりもまず重要なのは「よい話し方」なのです。

これは実際にあった話です。先日、私は親子の理想的な会話について執筆していました。そのときちょうど、私の横で子どもが寝ころがりながら本を読んでいました。私はいいパパだし、会話の専門家だから問題ないよな……と思いながらも、子どもにこう聞いてみました。

「パパと話していてイヤだなって思ったこと、ある？」。当然、子どもから「ううん。パパと話すのはいつも楽しいよ」という返事が戻ってくると期待して。ところが、答えはまったく違ったのです。

「ほかの子と比べるような言い方をされるのがイヤ」

ショックでした。私自身、他人と比べられることが何よりも嫌いなのに、自分の子には他人の子と比べるような言い方をして傷つけていました。長年、ビジネスコミュニケーション、組織における対話法、親子の会話などについて研究し、〈コミュニケーション専門家〉とまで呼ばれるようになったのに、知らないあいだに子どもの心を傷つけるような言い方をしていたのです。

コミュニケーションの場で多くの人が見過ごしてきたこと、それは「話し方」です。言葉の意味や成り立ちは学校や家で勉強してきたのに、これまで「話し方」についてはいつもスルーされてきました。でも、人間関係を決定づけるのは言葉の意味や成り立ちではなく、「話し方」なのです。

言い方を一つ変えるだけで、人生が変わります。

言い方に気をつけるだけで、言いたいことがうまく伝えられ、望むものが得られ、人間関係に新たな風が吹きます。じつは成功した人や尊敬される人は、「話し方」からして違います。話し方は、人間関係をうまく築いていくうえで、とても重要な役割を果たすのです。

この本では、これまで私たちが日常的に何気(なにげ)なく使っていた「よくない話し方」を一つずつ正していこうと思います。

会って話すだけでよい印象が与えられる話し方、希望をかなえたいときの話し方、自分の意思を攻撃的にならずに伝えることができる話し方、空気を読むべき場でしてはいけない話し方、これだけは必ず覚えておきたい話し方。どうすれば、また会いたいと思われる人になれるか？　感じのいい人はどんな話し方をしているのか？　どんな言い方をすれば好感をもたれるのか？

この本で紹介する正しい話し方を習得すれば、どんな相手とでもいい雰囲気をつくることができ、相手はまたあなたに会いたいと思うでしょう。

どれもこれも、読むだけですぐに実践できるとても簡単な方法です。

神経質だったり、ストレートすぎたり、毒舌だったり……。これまで「話し方」のせいで誤解を招いて損をしてきた人は、一日一つでいいので、ぜひ試してみてください。

その方法さえ知っていれば、「よい話し方」ができ、誰でも「また会いたい人」になれるのですから。

コミュニケーションは「話し方」がすべて。「話し方」一つ変えるだけで、人生が劇的に変わります。

さあ、次はあなたが変わる番です。

二〇一七年六月

キム・ボムジュン

目次

「また会いたい」と思われる人は話し方が違う

第1章

話し方が変わるだけで違う人に見える

第2章

いつでもどこでも気分のよくなる話し方

第3章

仕事も人間関係もよくなる言葉の習慣

第4章

やめたほうがいい言い方

column
フランツ&ベニグソン「謝罪にも適切なタイミングがある」

第５章

攻撃的にならずに自分の意思を伝える方法

第１章

話し方が変わるだけで違う人に見える

言葉づかいは癖だ

話す内容と言葉の使い方。より大事なのは、どちらだろう？

内容と同じように言葉づかいも大事だし、言葉づかいだけでなく内容も大事なのはいうまでもない。いくら敬語を使っていても、その内容が相手を尊重していなければ、相手は不快なだけだ。

また、内容がいくら論理的でも、自信のない話し方では相手を説得できないだろう。内容とはすなわち「意味」であり、言葉づかいとはつまり「行為」である。言葉の意味と行為が正しく調和して初めて、会話がうまくいく。両方が同じ目的に向かって手をとり合って初めて、期待どおりの結果が生まれる。だが、話の内容と言葉の使い方をうまく調和させることは意外に難しい。それなら、その二つの距離を縮めればいい。話の内容と言葉づかいに第三の要素を加えれば、まさにその距離を縮めることができる。その第三の要素こそが「話し方」だ。

ところで、ここで、重要なことが二つある。まず、話し方は「癖」であるということだ。私たちは相手の癖を見ながら、その人の習慣や性格を見抜き、それを判断の基準にする。早口だったり、口ごもりがちだったり、ゆっくりだったり、慎重に言葉を選んだり……。話すときのそういった癖で相手の性格を予測できるのだ。ただし、それはあくまで癖であって、その人の本質ではない。だから、いくらでも直すことができる。努力すれば変えられるものなのだ。「三つ子の魂百まで」ということわざを信じ込んで、よりよい話し方をしようという努力を怠るなら、この世界で生きていくのに最も重要な道具を放棄していることになる。

次に、話し方とは「外に現れる姿」である。外に現れるとは、つまり、時と場所に応じて話し方を変える必要があるということだ。親しい人たちとの話し方、目上の人や目下の人に対する話し方、演台に立つ講師としての話し方など、目的と状況に応じて話し方を変えなければならない。例を挙げてみよう。歌手がステージに立っている。その歌手はどうやって評価されるのだろう？　そう、表情と声で判断されるのだ。表情によって歌詞の内容を、声によってメロディーを適切に表現してこそ、「歌がうまい」とみなされる。ほかの場面でも同じことが言えるだろう。家で子どもたちと遊ぶとき、カフェで恋人と過ごすとき、職場で上司に報告するとき……。状況によって話し方を変えなければならない。自分の言葉が相手にどのように伝わっているかを考えずに話すのは、周りに向かって銃を撃っているようなもの。自分の話し方が相手にどう受け取られているか、言葉によって世間に銃を向けていないか、元気そうに話しているかなど、自分にはどんな話し方の癖があるかを考えてみよう。自分の話し方を振り返ってみることが、よりよい話し方への第一歩だ。

「クソおやじ（ケジョッシ）」という言葉を聞いたことがあるだろうか。おもに女性や弱者にパワハラをする中年男性を指す言葉だが、その例は数え切れない。ドラマ『未生（ミセン）』（訳注：現代韓国のサラリーマンの日常を描いた二〇一四年制作・放送のドラマ）にこんな場面がある。男性上司が部下の女性社員に「女のくせに！」と暴言を吐く。クソおやじの典型だ。地下鉄などでもよく見かける、「最近の若い連中は……」となんの根拠もなく繰り返すおじさんも、クソおやじと言われるだろう。

それにしても、こういったおじさんたちはなぜ、そんな汚名を着せられたのだろうか？　理由は、その話し方にある。話し方の癖のせいで一瞬にして「クソおやじ」に成り下がるのだ。ジェントルマンに生まれ変わりたいなら、今すぐ自分の話し方を振り返り、問題点を見つけるべし。もちろん、おじさんたちだけの問題ではない。相手に好感度を与え、よい印象を残したいなら、自分の話し方をチェックしなければならない。ではこれから、一つずつ具体的な実践方法を学んでいこう。

話術が必要なとき VS 話し方が大事なとき

「話し方」とよく混同されるものがある。「話術」だ。話術とは「話す技術」や「話す力」を意味する。つまり、誰かに影響力を与えたいときに必要となるのが話術である。それはまた、自分がたいしたことのない人間だと思われないために必要な技術でもある。つまり、「話術」は自分が前に出ていかなければならないときに重要な役割を果たす。もしあなたが芸能人で、舞台の上で観客を魅了しなければならないのなら、話術を磨くことはとても大切だ。その場合はむしろ、「話し方」より「話す技術」のほうが重要かもしれない。しかし、オフィスで働き、コミュニケーションを取るほとんどが家族や友人、恋人、同僚である一般人にとってより必要なのは、はたして「話術」と「話し方」のどちらだろう?

話し上手なタレントは誰かと聞かれたら、私は真っ先にチョン・ヒョンムとユ・ジェソクを挙げる。話のうまさでは右に出る者はいない、韓国を代表するMCの二大巨頭だ。しかし、二人のスタイルはまったく違う。チョン・ヒョンムは「話術が巧み」なのに対して、ユ・ジェソクは「よい話し方をする」というイメージだ。

チョン・ヒョンムは、話は面白いものの、あまり親しみが感じられない。ときに少し鼻につくと思うことさえある。

だが、ユ・ジェソクは違う。彼の話は面白いというより心地よいのだ。ユ・ジェソクはチョン・ヒョンムと比べると番組での存在感が薄く、少々物足りなく感じられることもある。にもかかわらず、韓国の最高の司会者は？　と聞かれて、チョン・ヒョンムではなく、ユ・ジェソクを挙げる人がいまだに多いのは、なぜだろう？

チョン・ヒョンムとユ・ジェソクはその話術と話し方もさることながら、数々の名言を残している。まず、チョン・ヒョンムの名言を見てみよう。

「夢がないのは悲惨だが、かなわない夢にしがみついているのも悲惨だ」

「あきらめられない夢を抱えているのは気の毒だ。たとえ夢でも、捨てなければならないときがある」

「集中という言葉があまりに簡単に使われている。遊ぶときは遊び、思う存分恋愛もして、机の前で三〜四時間勉強する——。それが集中ではない。一つの目標に向かって人生のすべてを集中させること、その他はあきらめること、それが集中だ」

このように、チョン・ヒョンムの言葉は、現実的でやや冷淡だ。スマートだが、相手のミスを容認しようとしないアドバイスといえる。つねに何々を「すべし」と言っているからだ。次に、ユ・ジェソクの名言を見てみよう。

「話を独り占めしようとすると敵が増える」

「発言は少なめにして、できるだけ耳を傾けなさい。聞けば聞くほど、味方が多くなる」

「面と向かって言えないことは、陰でも言ってはいけない」

「言いたいことより、相手が聞きたいと思うことを話そう」

「褒め言葉はゆっくり伝わるが、悪口はあっというまに広がっていく」

「口で言うのは三十秒にすぎないが、心には三十年残る」

「リーダーである私が責任を負わなければならないと思う」

ユ・ジェソクの言葉には何かを「しなさい」と言うより、「やめよう」、あるいは「気をつけよう」というメッセージが多い。できるだけ話さないようにしよう……という姿勢は、韓国最高のＭＣの座に居つづけていることを考えるとかなり意外だ。だが、このユ・ジェソクこそが言葉の力、いや言葉の恐ろしさを知っている。彼は誰よりもよく知っているからこそ、言葉に気を配り、絶えず努力しているのだろう。誰かを動かそうとするときには、相手が自ら動くための助けになる話をする。そんな彼の姿勢が垣間見られる。

話術も話し方もどちらも重要なのはいうまでもない。競争で何かが決まる場面で頭角を現すには、話術が必要だ。だが、特にリーダーや立場の強い人間にとっては、話し方がより重要になる。年をとればとるほど、地位が高ければ高いほど、高度な話術よりも正しい話し方に注意しなければならない。権力をもち、優位に立ったからといって、油断して話し方を気にかけないまま話術だけを披露してしまうと、そのつもりがなくても相手にとっては言葉の暴力となることもある。その点を忘れてはいけない。あなたに実力があり、人格も悪くないのに、相手が親しくなろうとしてこないときには、今すぐ、自分の話し方について反省してみるべきだ。

話術以上に話し方が大切であることをつねに頭に入れておこう。話し方は、尊重されて信頼を得るための強力な武器なのだ。

言葉づかいは理屈を表すものではなく、感情を表すもの

温かい言葉づかい、優しい言葉づかい、相手を励ます言葉づかい、信頼をもたれる言葉づかい。そういった言葉づかいをするときに欠かせない条件がある。それは、相手に対する「理解」と「共感」だ。相手を理解するのも他人に共感するのも決して簡単なことではない。それでも、小さな努力一つで親しみ深い話し方ができるようになる。その第一歩は、「あなたと私は違わない」と考えることだ。

相手が自分と変わらない人間だと思うだけで、会話がうまくなり、きちんとした言葉づかいができるようになる。ただし、むやみに相手のことをわかっていると思ってはいけない。「私にだって自分のことがわからないのに、どうしてあなたに私のことがわかるの」というような歌もあるではないか。

実際、他人を知る以前に自分自身のこともよくわからないという人が多い。自分

のこともわからないのに、相手を理解して共感しようとしたところで、会話のきっかけさえつくれないまま終わってしまうだろう。だからこそ、簡単なこと、基本的なことから取りかかるべきなのだ。まずは、「同類意識」をもつこと。相手と自分は変わらないという気持ちになることから始めてみよう。

では、どうすればその同類意識を話し方に反映させることができるのか？　覚えておいてほしいことは、次の二つだ。

一、自分の好きな言葉づかいで相手と話す

二、自分の嫌いな言葉づかいはしない

これが話し方の基本だ。これだけを覚えておけばいい。なんと簡単だろう！

誰かが自分を怒らせたり傷つけたりしたときには、その相手がどんな言葉づかいで話していたかに注意してみることだ。あなたを怒らせた言葉づかいを自らしてはいけない。逆に、相手と親しくなりたいと感じたときや心地いいと感じたときに相手が使っていた言葉づかいを覚えておいて、それを使おう。

言葉づかいは理屈ではなく感情の表れだ。丁寧な敬語を使うことだけが、よい話し方ではない。理路整然と話しているからといって、適切なコミュニケーションとはいえないこともある。会話は、「あなたと私は違わない」と考えるところから始めなければならない。そうしてこそ会話の糸口が見つかり、相手を理解できるようになり、相手との関係を深め、ひいては望んだ結果がもたらされる。

「あなたと私は違わない」という考えこそがよい話し方の基本であることを心に留めておこう。ふだんの生活のなかで、聞いてうれしかった言葉を使い、聞き苦しかった言葉は使わないようにしよう。会話の核心は言葉づかいであり、よい言葉づかいの基本は同類意識である。そのことを忘れないでほしい。今日あなたが耳にしたなかで、聞いていちばんうれしかったのはどんな言葉だっただろうか?

相手の話し方に答えがある

ある日の夕方、妻と子どもが話をしていた。

「宿題したの？」

「まだ」

「帰ってきたらすぐに遊んでたけど、それで試験がうまくいくと思うの？」

「……」

「しっかり勉強しなさい。わかった？」

「はい」

会話の目的とは、相手から自分が望むものを得ることだ。だが、妻はこの会話で何を得たのだろう？　子どものほうは何を学んだのだろう？　結局、妻には何も得たものがなく、子どもも何も学んでいない。子どもには母親に叱られたという記憶しか残らない。母親は子どもが「はい」と言ったので今度こそ勉強すると思ったが、実際にはそうはならない。

上手に会話するために必要なことはなんだろう？　会話をうまく運ぶには心理学を勉強しなければならないのだろうか？　いや、私たちに必要なのは、すぐ実行に移せる簡単な方法だ。まず第一に、相手の答えを自分が期待していたように解釈するのではなく、相手の話し方から正しく聞きとることだ！

先ほどの例をもう一度読んでみよう。妻は子どもの「はい」を肯定の返事として受け止めた。だが、実際はどうだろう？　子どもの「はい」は、気を引き締めて熱心に勉強しますという意味ではない。叱られている状況を抜け出すための返事にすぎない。もちろん母親が怒っているので、子どもは部屋に入って勉強するふりはするだろう。だが、嫌々勉強した結果は？　妻の期待を裏切る成績になるに違いない。つまり、妻と子どもの会話は失敗したということだ。どちらにとってもなんのメリットもない会話だったというわけだ。では、職場ではどうだろう？

「必ず明日までに報告書を作成すること。残業してでもなんでも、完成させておくように」

退勤時間の間際に、上司が突然そんな指示を出した。部下たちは何も言えずに、「はい」と答える。はたして上司が期待したとおりの報告書はできるのだろうか？もしあなたが会社員なら、翌日報告書を受け取った上司の口から、「いつ、こんなものをつくれと言った？」という叱責が飛んでくることは容易に想像できるだろう。だがそれは、部下たちの失敗なのか？　そうではない。上司の過ちである。

上司は高圧的な態度によって得た「はい」という部下たちの返事を「勝手に」肯定的な返事だと思い込んだ。それは勘違いにすぎない。部下たちの「はい」という答えには、「明日までと言われても……」。テキトーにやって出すしかない」という気持ちが半分以上含まれていた。にもかかわらず、部下の「はい」という返事を肯定的な返事として受け止めたのは、その答えを自分の期待したとおりに解釈してしまった上司の過ちだ。声のトーンなど、相手がどんな話し方をしているかに関心を向けなかったために、結果的にとんでもないことになった例といえる。こういうことは、私たちの周りでじつによく起きている。

これからは、会話をするとき、相手が自分の話をきちんと聞いているかをまず確認しよう。相手がどんな言葉づかいで話しているかに焦点を当てて会話を続けると、すれ違っていた話もうまくつながっていく。言いかえれば、話の内容を理解する以上に相手の話し方に関心をもつことが大切なのだ。相手の自分に対する話し方に注意し、どんな話し方をしているかを観察しよう。

話し方にも老化現象がある

ずいぶん前、私が新入社員の頃のことだ。その日は日曜だった。誰だって日曜の朝はゆっくりだらだらしたい。ところが部屋の外から、何ごとかと思うような大声で父が話しているのが聞こえてきた。寝ぼけまなこを無理やりこじ開けて、耳を傾けると、父はリビングで誰かと電話で話しているようだった。内容まではよく聞こえなかったが、乱暴な言葉づかいとその大声から緊張感が伝わってきた。「朝からお父さんの機嫌が悪い、今日は平和な日曜にはならないな」と思った。「いつ結婚するんだ?」「なんでそんなに遅い時間にばかり出かけるんだ?」などなど、このあと、私にまでそんな火の粉が飛んで来るのではないかと心配になると同時に、イライラがこみあげてきた。だが、ただじっとしているわけにはいかない。そこで私は、父が何にそんなに怒っているのかを確認し、味方にでもなってあげようとリビングに顔を出した。ところが、あれ? 様子がおかしい。完全に予想がはずれた。父は満面の笑みを浮かべていたのだ。しばらくして、電話を切った父に聞いてみた。

「お父さん、誰と喧嘩(けんか)してたの?」

「えっ? 喧嘩?」

「うん、今、電話で誰かと喧嘩してたじゃない」

「なんのことだ? 友人と今晩の約束をしただけで、喧嘩なんかしてないぞ」

友人と待ち合わせをしたと機嫌よく笑いながら話す父を見て、今度は私が「えっ?」と言う番だった。それからだいぶ経ち、コミュニケーションについて勉強をしているときに、その謎が解けた。話し方にも老化現象があるとわかった。年をとると聴力が落ちて相手の声がよく聞こえないため、知らないうちに声が大きくなる。その当たり前の事実に、あとになって気づいたのだ。

あなたもこれまで、地下鉄やバス、あるいはカフェで、大声で話すおじいさんやおばあさんの声に眉をひそめたことはないだろうか。ここで、〝地下鉄で高齢者と若者が衝突する医学的理由〟という記事の一部を紹介しよう。

「高齢者の声が以前より大きくなったら、それは聴力が落ちてきている兆候だ。イヤホンをした人に話しかけたとき、思いのほか相手の返事が大きくてびっくりした経験はないだろうか？　耳がよく聞こえないと声が大きくなる。私たちはふだん、自分が出した声を聞き、それに合わせて声のボリュームを調節しているが、聴力が落ちると自分の声が小さく感じられるので大きな声を出すことになる。そのため、普通に話しているつもりが、ときには怒っているように聞こえてしまうのだ。それを聞いた人が気分を害することもある。ちょっとした指摘のはずが、相手には『この人は何を偉そうに私に怒っているんだ？』と思われてしまう」

二〇一三年二月一二日付『朝鮮日報』より。

身体的機能の低下による「話し方の老化現象」について理解すれば、高齢者の話し方が誤解されることも減るだろう。さらに、私たちの周りにいるすべての人の話し方に対して、聞こえたものだけで判断するのではなく、少し立ち止まって、「相手がなぜこういう話し方をしているのか?」ということまで考えてみよう。

初めの言葉が話し方を決める

中学生の息子をもつ母親が反省しながら、息子との会話で学んだことを話してくれた。

「ねえ、ソンチョル」

「何?」

「男の子なのに、なんでそんなに方向音痴なの？」

「お母さん、男の子はみんな方向音痴じゃないっていうのは偏見だよ」

それを聞いた母親はしばらく頭の中を整理してから、ＳＮＳに息子とのこの会話を投稿し、こう付け加えた。

「話をするとき、『男の子なのに』『女の子なのに』といった言葉から始めないように、気をつけるべきなのではないでしょうか」

深く考えずにそういう言葉で始めてしまったために、相手を傷つけたり、当惑させたりすることも多い。そういう言葉には、相手のことを自分がどうみなしているのかが赤裸々（せきらら）に表れていることもある。

会話の始まりは、相手の地位や役割、立場を徹底的に尊重する言葉にすべきだということを忘れてはいけない。例を見てみよう。

男女がいっしょに車に乗り、女性が運転をしている。男性は助手席に座り、運転する女性を眺めながらこう言う。

「女にしては、運転が上手だね」

女性はこの言葉をどう受け止めるだろう。運転が上手だという褒め言葉として受け取るだろうか？　とんでもない。かなり気分を害するはずだ。「女なのに」「女にしては」という言葉をむやみに使う人は、時代錯誤で無知な人間だ。

ドイツの哲学者マルティン・ハイデッガーは、「言葉は存在の家である」と言った。そのとおり。言葉は、それを話す自分自身の存在を決定づける。加えて、言葉とは、それを聞く相手の存在を消してしまうものでもある。自分の先入観で無神経な言葉を使うことで、相手を深く傷つけるかもしれない。不必要な誤解を招く言葉で話し始めてしまったために、親しくなれるはずの機会がむしろ関係悪化の要因になってしまうこともある。そう考えると、始まりの言葉は慎重に選ばなければならない。

相手の特徴や性格だけでなく、相手の能力に関しても、どんな言い方をするかという慎重さが必要になる。俳優パク・ソンウンの過去のインタビューを例に挙げてみよう。

十年間も無名時代を過ごした彼は、俳優の道をあきらめず、テレビドラマ『太王四神記』で有名になった。さらに、映画『新しき世界』で役者として確固たる地位を確立した。そんな彼が、あるテレビ番組で下積み時代に経験したことを話していた。心が痛むエピソードだった。

「二〇〇二年、私は初めて放送局に足を踏み入れ、初めて出演する番組の打ち合わせに出席しました。すると、会って三分もしないうちに、番組の担当プロデューサーが『勉強ができなかったから、君はこの世界に入ったんだろ?』と言ってきたのです。それから、『君たちの事務所にいるのはごろつきばかりなのか?』とも言われました。怒りがこみあげてきましたが、『ごろつきみたいな顔で申し訳ありません』と言ってしまいました」

その話を聞き、なぜか私まで気分が悪くなった。俳優を目指している人間に、どうして勉強の話をするのだろう? もっともパク・ソンウンは、むしろその言葉が、成功して見返してやろうと奮起するきっかけになったという。特に、自分は満足に勉強できなかったという思いの強い中高年層の世代に学歴や学校の成績と仕事を結びつけて話すという間違いを犯す人が多いようだ。学歴とは関係のない職業の人に、

「勉強ができなくて、ほかの道を探したってことか?」とか、「勉強したくないからその仕事にしたのか?」などと、最初に学歴を引き合いに出すのは、相手の人格や自尊心を踏みにじる最悪の話し方である。

話し方は立場によって使い分けなければならない

先日、大統領選挙の討論をいくつか見ながら、もどかしさを感じた。自分と考えの違う人間を排除しようとする風潮がそのまま表れているようでとても残念だった。相手を認めるどころか極端に否定する言い方、悪口の応酬にしかならない言葉づかいがじつにみっともなかった。まるで相手を認めた瞬間に自分の存在を失うのではないかという恐怖心に取りつかれているかのようだ。リーダーになる人間には、たとえ意見が違っても相手を認める余裕をもった話し方が求められる。リーダーならリーダーらしく、相手を受け入れ、さらには称賛できるくらいの余裕を見せなければならない。それこそがリーダーに求められる条件の一つだ。

一九世紀末の作家であり劇作家・詩人でもあるオスカー・ワイルドは「いつもあなたの敵を赦（ゆる）しなさい。それ以上に相手を嫌がらせることはないのだから」と言っている。これと関連して、米国の元大統領バラク・オバマの例も見てみよう。

オバマは大統領時代、元大統領のレーガンを高く評価する発言をし、韓国で話題になった。「レーガン大統領は米国の楽観主義を復活させた。この楽観主義こそ、厳しい今の時代にわれわれが必要とするものだ」と言ったのだ。この発言が米国で話題になったかどうかはよくわからない。ただ、こうしたライバルに対する賛辞は、韓国では間違いなくニュースになる。

「すでに故人なのでライバルという表現は適当ではないが、よく知られているようにレーガンは米国の保守を代表する大統領であり、オバマは正反対の政策を主張していた。〈レーガノミクス〉政策を一つ一つ修正しているオバマが、レーガンを認めて称賛までするのは、韓国では違和感をもたれるだろう」

二〇〇九年六月二一日付『ハンギョレ』より。

オバマ大統領の態度と話し方は、自身の立ち位置をよく理解し、包容力をもって相手を受け入れる真のリーダーらしい。

ＩＴ分野におけるグローバル企業、ガートナーの副社長はかつて、あるインタビューで、ＩＴ企業のＣＩＯ（最高情報責任者）がＣレベル（最高責任者級）（訳注：ＣＥＯ、ＣＯＯ、ＣＦＯなどのＣの付く役職のこと）として確固たる地位を築くために備えなければならない条件として、「話し方」を挙げた。彼は、「役員にふさわしい服装と話し方を身につけなければならない。演劇で与えられた役をしっかり務めるのと同じだ。すなわち、ＣＩＯとしてほかの役員たちを説得できるだけの話し方をしなければならない」、さらに、「それこそがＣＩＯとしての自分をブランディングするだけでなく、ＣＩＯとしての価値を高める方法でもある」と述べた。

リーダーにはリーダーらしい話し方が、教師には教師らしい話し方がある。もちろんコミュニケーションをより円滑にするために、リーダーがあえて部下たちの話し方を、教師が生徒たちの話し方を真似てみることが許される場合もある。だが、自分の立場に影響を与えるほどしょっちゅうそういう話し方を真似るのはとてもまずい。

別の例を見てみよう。母親が大学生の娘と携帯メールでこんな会話をしている。

「ねえ、今日、ヤバい寒さじゃない？」

「お母さん、その言い方、古いよ。最近は『ハンパない』って言うんだよ」

母親があえて自分の立場を捨てて若者たちの話し方を真似しようとしているのが、なんとも痛々しい。娘に近づきたいあまり、「ヤバい」という表現を使う母親の姿ほどダサいものはないだろう。若者特有の話し方、子どもが自分たちのコミュニティだけで使うスラングを母親や父親が真似する必要はない。母親は母親のまま、父親は父親のままで、自分たちの立ち位置にある表現を使うことこそが、存在を認めてもらえる正しい言葉づかいだ。子どもたちの不安定な心理状態があらわになった表現、不安や否定の気持ちが見える言葉、相手を下に見る過激な言葉などは、決して親が真似すべき言葉ではない。

もちろん、自分の立ち位置をあまりに主張するような話し方も避けるべきだ。たとえば、大人の立場から一方的に若者に何かを押し付けようとする話し方だ。ある企業の社内報に、大学生二〇〇人を対象とした調査結果が紹介されていた。「自分より年上の人から言われたくない言葉は何か？」という調査の結果、左記が挙げられた。

「あーあ、これだから最近の子はダメなんだ」
「おまえたちには根性が足りない」
「若い人たちが盛り上げてくれないと」
「全部君のためを思って言ってるんだよ」
「おまえを自分の子どもだと思って、言ってるんだ」

私も若い頃、よく同じような言われ方をしたが、とてもイヤだった。自分の立場しか考えないような話し方は、相手に拒否反応を起こさせる。それに気づかず、自分の言葉がまるで神の言葉であるかのように思い、相手の反応を不満に思うなら、相手のせいにする前に自分の話し方を振り返ってみるべきだ。

話し方とは、意思を伝達する手段というだけではない。それはまた、話し手の人格が詰まった器のようなものだ。「人の口は、心からあふれ出ることを語るのである」という聖書の一節がある（日本聖書協会『新共同訳 新約聖書』ルカによる福音書六章四三節）。言葉とは、発する人の心に込められた意思を具体化し、自分の内にある気持ちを相手の心に伝えるためのものだ。相手と心を通じ合わせるためにも、自分の立ち位置と相手の立ち位置をきちんと理解したうえで、自分の話し方を振り返ってみよう。

会話を支配するのは内容ではなく話し方

あるベンチャー企業の人事部長がこんなことを言っていた。

「会議中になんの意味もない落書きをしている部下を見ることほど、腹が立つことはありませんでした」

映画のワンシーンのように「私を侮辱しているのか！」と叫びたかったという。相手の話を聞かずに別のことをするのは、「私はあなたに関心がありません」と言っているのにほかならない。相手を傷つけ、怒りを買うコミュニケーションだ。しかし、部下のほうは納得できず、「何も言ってないじゃないですか」と反論するかもしれない。上司の意見に反対もしていないし、何も言っていないのだから問題などないはずだと思い込む。そういう例は無数にある。

米国の心理学者、アルバート・メラビアンの実験の結果、〈メラビアンの法則〉というコミュニケーションの法則が広まった。一般的に対話において重要だと考えられている「言葉（による情報）」は、コミュニケーションのなかの七パーセントしか占めていないという法則だ。では、残りの九三パーセントは何か？　三八パーセントは「声」で、残る五五パーセントは「ボディランゲージ」だという。

つまり、会議中に無意味な落書きに没頭していた部下は、じつは上司の話す言葉に「関心がない」と直接伝えるよりも何倍も強く、上司への無関心さを伝えているのだ。

　こういう例以外にも、会話の場面での過ちは多い。たとえば、自分の主張だけを前面に出すことが習慣になり、望みどおりの答えを引き出すために一方的に自分の考えを吐き出す。また自分が言いたいことを言うのに夢中になるあまり、相手がどう受け取っているかを把握しようとしない。こういった過ちを繰り返すのは、話の内容より話し方のほうが相手に強い影響を与えることを知らないからである。結局、「話すのって難しい」「言葉がうまく通じなくて死んじゃいそうだ」などと愚痴る羽目になる。

　相手の立場に気を配ることを面倒くさがり、それまでと変わらない姿勢で会話をすると、過ちが繰り返され、期待どおりの結果になるどころか、むしろ相手との関係が悪化する。思うように会話が進まなかったり、期待していた結果にならなかったりする場合は、話し方を変えてみること。言い方が大切だということを軽んじる人は、絶対に会話の達人にはなれない。「正しい論理を正しい文章で表現することが会話の成功の鍵だ」と思っている人は多いが、それは単なる錯覚にすぎない。**優先すべきは、論理と内容ではなく、どんな話し方をしているかをチェックすること**

である。

内容よりも話し方が、すべての会話を支配するといってもいいだろう。相手が不快になる言葉づかい、相手に何かを強要する言葉づかい、相手を傷つける言葉づかいとは決別しなければならない。愛と共感に満ちた話し方ができる人だけが、会話を通じて望みをかなえることができるのだ。

よい話し方の法則①

好感度を高める第一歩……メラビアンの法則

一九七一年、カリフォルニア大学の心理学名誉教授、アルバート・メラビアンは、著書『非言語コミュニケーション』（一九八六年、聖文社刊）のなかで、コミュニケーション理論をさらに発展させた研究結果を発表した。

相手に好感を抱く瞬間はどんなときか、第一印象を決める要素は何かなどについて、会話する人々を観察して分析したのだ。

その結果、相手の印象や好感度に影響を及ぼす要素は、声が三八パーセント、ボディランゲージが五五パーセント（表情三五パーセント、身振り二〇パーセント）だった。話の内容はわずか七パーセントだったという。

つまり、効果的なコミュニケーションにおいては、話し方や表情、目つき、ジェスチャーのような非言語的要素が、なんと九三パーセントという高い割合で影響を及ぼしている。

この〈メラビアンの法則〉はまさに、話し方という「行為」が話の内容という「言葉」より大きい影響力をもつことを示している。

言葉の意味や派手な話術より、表情、声、態度、言い方といった要素による会話の雰囲気こそ、言葉に力を与える。自分の考えや感情を相手に正しく伝えるためには、こういう要素を効果的に使うことができるのである。

第２章

いつでもどこでも気分のよくなる話し方

相手から信頼される「おかげで」

論理的にものを考えるのが得意だという人がよく使う言葉がある。因果関係を説明するための**「したがって」**という言葉だ。特に職場では、「したがって」という言葉をうまく使えば、論理的な人だと評価してもらえる。だが、日常会話ではどうだろう？ 「したがって」という言葉は、はたして役に立つ言葉なのだろうか？

日常生活で「したがって」という言葉を使いすぎる人は消極的なイメージをもたれやすい。また、弁解しなければならない状況で「したがって」を使うと、責任を回避しようとしていると思われる。ハリネズミのように針を立てて自分を守ろうとしている印象になるので、日常生活で使うことはあまりおすすめしない。

アジア最大の格安航空会社、エアアジア・グループのCEOトニー・フェルナンデスが韓国を訪問した際、若者たちとの対話の席で「これだけは伝えたい」と次のような話をした。

「私には座右の銘があります。『信じられないことを信じる』『不可能なことを夢みる』『絶対にNOと言わない』。この三つです。イギリスに留学していた頃に抱いた夢をあきらめなかったおかげでエアアジアを設立できました。当時は、航空運賃が高すぎて故郷に帰る気にもなれませんでした。いずれ格安航空会社を設立して、誰もが飛行機に乗れるようにすると決意したのです」

トニー・フェルナンデスの言葉から「したがって」を探してみよう。一つもない。代わりに印象的な言葉がある。**「おかげで」**だ。彼が成功した秘訣は「したがって」ではなく、「おかげで」にある。「おかげで」という表現は、他者とよりよい関係を築けるだけでなく、相手からも信頼されるようになる言葉だ。もちろん、その過程で自尊心が高まり、世の中の問題に正面からぶつかっていく原動力になることもある。

「おかげで」を使った話し方をもう少し見てみよう。パターンは二つ。一つは直接的な「おかげで」の使い方だ。

「先生のおかげで数学の成績がよくなりました」

「課長のおかげでこんな賞をもらうことができました」

日常のなかで誰かを褒めるときには、直接的な「おかげで」を使うとよい。この言葉を聞いた相手は、いつだってあなたの力になりたいという気持ちになるだろう。

もう一つは間接的な「おかげで」のパターン。この話し方は相手とのよりよい関係づくりに効果的であることを覚えておかなければならない。

「A社の人事部長が先生の講義のおかげで教育効果が高まったと言っていました」

「ヒョジンのお母さんから聞きましたが、ヒョジンはジュンチョルのお母さんのおかげで読書が好きになったそうです」

誰かについての話をたまたま耳にして、それがちょうどその人の長所についての話だったら必ず覚えておこう。あとでその人に会ったときに、第三者の言葉を借りて間接的な「おかげで」を使ってみるのだ。

「キム次長から聞いたんだが、パク課長がチームの目標達成の立役者だったそうじゃないか。パク課長のおかげでチームのみんなが表彰されたと言っていたよ」

この話を聞いたパク課長がどれだけうれしかったか、想像してみてほしい。そしてこの話を伝えてくれたあなたに対しても、どれだけ感謝と信頼の気持ちが強くなるかを考えてみよう。こうした間接的な「おかげで」を使う方法は、相手を喜ばせる魔法の話し方である。

私にも同じような経験がある。以前勤めていた会社で、部長だった私は、社内講師として同じ部の社員数人に向けてセミナーを行なった。まもなく、他の部署からも同じ内容の特別講義をしてほしいと頼まれた。そのときの話だ。

「研修を担当したチョン課長が言っていましたが、部長の講義のおかげで研修への満足度がずいぶん上がって上司たちに褒められたそうですよ」

本当にうれしかった。そう伝えてくれた人はもちろん、それをその人に話したチョン課長のことも好きになったのはいうまでもない。まずは、あなたも相手を決めて「おかげで」という話し方を実践してみよう。直接的な「おかげで」でも、間接的な「おかげで」でもかまわない。ただし、注意すべきことがある。あまりに大きな「おかげで」を探さないこと。小さなことでいいのだ。大事なのは「おかげで」

を使った話し方をすることなのだから。

率直さはときには失礼になる

「一分間で一億ウォン売る女」。あるテレビショッピングの会社のタレントの話だ。「凄腕の営業ウーマン」と呼ばれる彼女の成功の秘訣は二つあるという。

「実際に目の前にいらっしゃるわけではありませんが、カメラの向こうのお客様を笑顔にしたいと思って楽しみながら放送に臨んでいます。親しい友達とおしゃべりする感覚です。お客様を友達だと思って率直に話すのです。理由をくださく説明したり、理屈っぽくなったりしないで、ただいいと思ったものをいいというだけ。だからこそ、私とセンスが似ているお客様が共感してくださるのです。友達に好きな飲食店を勧めるときって、『あの店、すごくおいしい！』の一言ですよね。それと同じです」

二〇一六年五月一九日付『マネートゥデー』より。

率直さはいうまでもなく重要である。率直な言い方をする人の話はもっといろいろ聞いてみたくなる。第一に、率直な人は信頼できる。そういう人とは安心して仲良くなれそうだ。第二に、率直な人は温かく、人間味があるように感じられる。第三に、率直な人からは礼儀正しい印象を受ける。率直さとは、話をする相手に対しての最低限の礼儀だからだ。

誰かと話すとき、話に嘘があれば、話の内容は相手に届かないだろう。嘘を隠すためにためらったり、ストレートでなかったりすると、それが話し方に出て、そのまま相手に伝わってしまう。相手が嘘をついているのがわかってしまうほど気分の悪いことはない。率直さは会話において欠かせない要素なのだ。

ただし、むやみに率直に話せばいいというものではないことも覚えておかなければならない。どんなときにも率直さが理解されて、受け入れられるわけではないのだ。具体例を挙げてみよう。

ウクレレを学びたいミヌは小さな同好会に入った。初心者向けの練習の日、ミヌは緊張しながら集合場所の小さなカフェを訪れた。三、四人かと思っていたら、一〇人以上が来ていた。ウクレレを練習したい人だけではなく、教える人や、ウクレレとセッションして歌う人もいた。同好会の代表は、ミヌを明るく同好会のメンバーに紹介してくれた。

「皆さん、ちょっと聞いてください。今日新しく来られたキム・ミヌさんです。ニックネームは『レレくん』です。今日が初めてなので、ウクレレはまったくできないそうです」

それを聞いたミヌは、突然、緊張感に襲われた。「僕がまったくできないって聞いて、みんな面倒くさいって思ってないかな」。代表がミヌの紹介を続けた。

「完全に初心者なので、みんな、初歩からしっかり教えてあげてくださいね。私たちも最初はとても大変だったということを思い出して」

素直な紹介だった。まさにそのとおりだ。ミヌは初心者で何もできない。だが、だからといって、そのことを他人がそのまま伝えるのが、たとえ率直だったとしても正しいやり方だろうか？　代表がミヌを紹介する言葉を聞いて、ミヌはさらに緊張して焦った。

「ああ、初歩から誰かに教えてもらわなきゃならないなんて申し訳ない」

「間違えるたびに馬鹿にされたら、どうしよう」

代表にとっては、彼のためを思っての率直な紹介だったのだろうが、むしろミヌとの距離は遠のいてしまった。壁ができる言い方だったからだ。気づかいのない率直さを出すぐらいなら、相手の長所を見つけて話すべきだった。たとえば、こんなふうに。

「ウクレレは初めてですが、入会届を見るかぎり、ギターが弾けるそうです」

「初心者ですが、私たちの同好会をSNSで拡散してくださった方です」などなど。

むやみに率直な話し方はむしろ相手との関係を悪化させる危険性があると覚えておこう。率直さで関係をよくするのは簡単なことではない。相手をよく観察し、相手の自尊心を傷つけないような配慮があって初めて可能になる。誤った率直さによって関係を悪くさせるのではなく、これからは「相手のポジティブな部分に触れる率直さ」で話す習慣を心がけてみよう。

話し方にもメイクアップが必要

同じ内容の話でも、誰が話すか、どのように話すかによって、結果は変わってくる。まずは「誰が話すか」という問題だ。同じ言葉でも、社長が言うのと新入社員が言うのとでは、影響力はまったく違う。あなたは、トッポギ店の社長かもしれないし、カフェのアルバイトかもしれないし、中小企業の部長かもしれない。どんな社会的地位にあったとしても、話し方を変えるだけで、もっとよい人になれる可能性はいくらでもある。トッポギ店のただの社長ではなく〝親切な〟社長、ただのカフェのアルバイトではなく〝誠実な〟アルバイト、中小企業のただの部長ではなく〝思いやりのある〟部長になることができるのだ。具体例を見てみよう。

トッポギ店のただの社長：「一万ウォンです」

トッポギ店の〝親切な〟社長：「お味はいかがでしたか？　一万ウォンになりま

す」

ただのカフェのアルバイト：「ご注文はお決まりですか？」

〝誠実な〟カフェのアルバイト：「大変お待たせして申し訳ありません、ご注文はお決まりですか？」

中小企業のただの部長：「よくできたな！」

中小企業の〝思いやりのある〟部長：「キム次長のおかげだよ。よくできたな！」

状況に応じた言葉を選ぶことで、「ただの自分」を「よりよい自分」に変える。これは「話し方をメイクアップする」ことにほかならない。そうすれば、人から信頼されたり、尊敬されたりする人物になれる。誰かとよい関係を築いて信頼されたければ、話し方を「メイクアップ」しなければならない。

話し方は、何かを少しずつよい方向にもっていく先にあるものだ。たとえば、あなたがある企業の中間管理職、すなわち部長だとしよう。会議で、「会社の経費をむやみに使わないように。今後はもっと気をつけて」と部下たちに警告したとする。そのときの、部下の反応を見てみよう。おそらくほとんどの人は「……」。つまり、沈黙で答えるだろう。一人か二人は、「はい、わかりました」と蚊の鳴くような声で答えるかもしれない。そういうとき、あなたは自分の話し方を見直さなければならない。高圧的な雰囲気で深刻な話を一方的に伝えたとすると、あなたはそれだけで、部下たちとのコミュニケーションに失敗している。部下たちが沈黙したり、肯定でも否定でもない「はい、わかりました」という返事だけをしてきたなら、自分がどんな話し方だったのかを振り返り、改善すべきである。それでは、どんなふうに改善するのか？　方法はたくさんあるが、ここでは話し方を「メイクアップ」する方法として、次の三つのステップをおすすめしたい。

【ステップ①】反省を入れた話し方：自分自身の過去の問題について触れる。

「私も以前、経費のルールをよく知らなかったために、間違って経費を使ってしまった経験がある」

【ステップ②】改善のための話し方：反省に具体性を盛り込む。

「交通費は決められた範囲内で使わなければならなかったのだけど、出張が多かったときに規定の一〇パーセント超過した額を申請してしまったんだ。ルールを知ってからは同じミスをしなくなったけれど」

【ステップ③】方向性を示す話し方：方向性を提示する。ただし、心から相手を思いやる気持ちが必要だ。

「みんなにはルールを知らないために同じような失敗をしてほしくない。だから、あえて伝えておく。会社の経費を使うときには十分気をつけて、確認しながら使うように」

リーダーである部長自らが、まず自分の反省から始めれば、部下たちの信頼を得られる。信頼できる先輩だとみなされれば、部下との関係も改善される。考えてみよう。私たちは毎朝、顔を洗い、髪をとかして身だしなみをきちんと整える。だが、人間関係を左右する会話においては、話し方をきちんと整えることを怠ってはいないだろうか。話をする前に、自分が信頼できる人間であることを証明する「メイクアップした」話し方を準備する、これは当然のことなのだ。

なんでもいいので、少しでも誰かの負担になったり、気分を害する恐れがあったり、誰かを心配させるリスクのある発言をする状況を想像してみてほしい。次に、その内容を整理して書き出してみる。さらに、その文章を、話し方をメイクアップする方法の三つのステップ、つまり**「反省」「改善」「方向性」**を頭において構成し直してみるといいだろう。

「知っているふり」より「知らないふり」

エレベーターに乗っていたら、しばらくして無表情な男性が乗ってきた。エレベーターのボタンを押し、黙って携帯電話を見ている。この男性に話しかけたいが、どんな話をすればいいだろう？　そういう場面を想像してみよう。

実際によくある光景だ。相手はそんなに親しい人物ではない。同じ部で働いている人や同じ同好会のメンバーではあるものの、実際に二人きりで話さなければならないとなると気づまりでぎこちなくなる。そういう瞬間はとても多い。

とりたてて話すこともなく何を言えばいいか困ったときに頼るべきは、「話し方」しかない。そんなときのために、ふだんから、どんなテーマでも、相手が誰であっても、会話を続けられるように準備しておく必要がある。そのときどきで賢い対応ができる話し方だ。だが、そのためには、相手について前もって十分知っておかなければならないと思いがちだ。話をするためには相手の年齢を知り、学歴も把握しておかなければならないし、趣味や家族構成も知っておくほうがいい……。はたして本当にそうだろうか？

相手を前もって知っておくことは、話をするうえでメリットしかないと言い切れるのだろうか？　教育心理学的には、こうした予備知識は、「学習するテーマや教科内容に関して生徒がすでにもっている知識」とされる。この定義によると、こうした知識は単なる「知識」にすぎず、「知恵」ではない。だが、会話とは本来、相手と円滑に意思疎通をするための「知恵」であって、なんらかのプロセスやステップを踏めば無条件に成功する「知識」では決してない。さらに、こうした予備知識は自分の経験にもとづくものではないので、他人の個人的な経験に対する偏見である可能性が高い。結婚準備を進めていたのにじつは破談になった人に、「結婚するらしい」という予備知識だけで「結婚の準備はうまくいっていますか？　お幸せそうですね！」などと言ってしまったらどうだろう。ぞっとするはずだ。これまで、予備知識が間違っていたがために、相手と話すときの雰囲気が台無しになったケースを何度も見てきた。

いい加減な予備知識で中途半端な会話をするより、目の前の相手をありのまま知ろうとするほうがずっといい。相手を観察し、そこからわかったことに気を配りながら話を進めるほうが効果的なのだ。よく知らないのに知っているふりをする話し方は、大きな災いをもたらしかねない。

とはいえ、予備知識がまったく必要ないといっているわけではない。予備知識をタイミングよく、そしてうまく使えば、相手との関係を期待どおりに発展させることができる。たとえば、すでに知っていることでもまったく知らないかのように尋ねる話し方、すなわち**「知っていても知らないふり」**の話し方だ。それとなく相手の話を引き出すのに、とても効果的な方法である。

親しい知人にベテランの営業マンがいる。彼はいつでも営業成績がよく、特に顧客と深い関係をつくりあげるのがうまい。彼が担当をはずれそうになると、顧客から、「担当が変わるならもう取引しない」と言われることもあるという。そんな彼から聞いた話だ。ゴルフ好きの顧客がいて、その人が最近ホールインワンを出したという話を耳にした。少しして、その顧客のもとを訪問することになった。さあ、あなたがその営業マンだったら、どんな話をするだろう？

「先週、ホールインワンを出されたんですって？　それはご馳走（ちそう）してもらわないといけませんね」。こんなふうに言ってしまうと、話の中心はホールインワンではなく、ご馳走されることになってしまう。しかし相手は、ホールインワンの喜びをもう少し話したいはずだ。あなたは顧客のそういう感情を無視して、次の段階に話を進めてしまっている。ご馳走されることを話の焦点にすることで、顧客が自慢したいホールインワンについて話す機会を奪ってしまったも同然だ。ご馳走する日程まで決まったら、話はそこで終わりだろう。

営業マンたるもの、顧客とたくさん話ができなければならない。それが営業マンに求められる能力でもある。顧客との会話を増やす機会を逃してしまった営業マンは、ただの営業マンにすぎない。では、**「営業の達人」**は、そこでなんと言ったのか?

「そうだ。ゴルフ、お好きですよね? 頑張れば私もいつか、ホールインワンを達成できるでしょうか?」

その顧客は少し間をおいて、こう言った。「まだホールインワンはしたことがないんだね。うーん、じつは私は、先週ホールインワンを出したんだ……」。

刺身の載ったお皿の前で、延々とその話を続けさせることができたという。そしてもちろん、その話から、それまで知らなかった顧客の感情や性格、さらには顧客がどんな商品を求めているかについてもわかったそうだ。顧客との関係がより深まったわけだ。その会話のなかでベテラン営業マンが発した言葉は、「あ、そうなんですか」、「わあ、すばらしい!」といった、いわば相槌(あいづち)だけだった。知らないふりをする余裕をもつだけで、会話を通じてたくさんのものを手に入れることができる。予備知識ももちろん大切だ。しかし、苦労して手に入れた予備知識をすべて「知っています」と相手に披露した瞬間に、その効果は半減してしまうのだ。

相手に関してあらかじめ知っていることはあるだろうか？　その知っていることも知らないふりをする話し方、「知っていても知らないふり」という話し方の力を知ってほしい。まずは相手が自慢したいことを一つ頭に浮かべる。それを知らないふりをして相手に尋ねてみる。ただし、自分からその話に首を突っ込みすぎないことも大切だ。

肯定しつづける話し方で心の壁を崩す

あるカウンセラーが、ゲーム依存症になりつつある高校二年生の相談にのることになった。以降は、相談室のドアを蹴って入ってきた男子生徒とカウンセラーの会話である。

「ゲームをしている時間が長いって、お母さんが心配していたよ」

「……」

「一日にどれくらいゲームをやってるの？」

「（ためらいながら）三時間」

「（驚いた表情で）三時間？　なんだ！　三時間ならそんなに長いわけじゃないね」

「え？」

会話のコツの一つに「相手の反対側に立たない」というのがある。特に子どもとの会話で効果的な方法だ。今回の例を見てみよう。その生徒はすでに否定的な気持ちでいっぱいで、不満そうに相談室のドアを開けて入ってきた。自分はやるべきことをやってからゲームをしていると思っている息子。一方的にゲームをするなと言う母親。そのうえカウンセリングを受けろとまで言われ、その生徒のストレスはすでに極限に達している。誰だか知らないカウンセラーに会ったら、ずっと無言でいるか、逆に大声で叫びながら逃げてしまおうかと思っていた。ところが、あれ？　カウンセラーはむしろ自分の状況を認めてくれている。それだけでなく、そんなに深刻じゃないとまで言っている。お母さんの味方だと思っていたのに、僕の味方だった。そうなると、その生徒はむしろうしろめたくなり、話が自然に続いていく。

「三時間くらいなら、問題ないんじゃない？」

「え？　うん……」

「そんなに長い時間でもないのに、お母さんが厳しすぎるよね？」

ここまで来れば、生徒の心にはこんな言葉が浮かぶだろう。

「うーん……。でももうすぐ高三だから、三時間はちょっと長いかも」

開始から五分で、このカウンセラーは目的を果たした。すでに生徒の心に、変わらなければという気持ちが芽生えはじめたからだ。

米国で提唱された「価値の探究による問題解決（ＡＩ）」という方法論がある（訳注：ケース・ウェスタン・リザーブ大学のデビッド・クーパーライダー教授らによって一九八七年に提唱された）。問題より解決策に重点を置き、できるだけ長所に目を向け、弱点には焦点を当てずに解決するという方法である。この方法では「あなたの問題はなんですか?」というようなネガティブな質問からは始めない。むしろポジティブな記憶や最高の瞬間を思い浮かべさせるために、次のような質問をする。

「あなたが覚えている最高の瞬間はいつ? それはどんなとき?」

「あなたの長所を三つ教えてください」

「あなたが所属している組織の人たちが最も熱心に働いたのはいつでしたか? それを可能にした要因はなんでしょう?」

誰かの力になりたければ、その問題に直接首を突っ込むのではなく、まずは積極的に相手の立場を認め、その過程で話を引き出すといい。相手に自分の長所を見つけさせることで、結果的に、現在の問題を自覚させることができるようになる。この話し方は、相手に希望を与えるとともに、こちらの望みをかなえるためのとても気持ちのいい話し方である。

いつでもどこでも通じる言葉「あなたを信じます」

親というのは、いつだって子どもには口うるさいものだ。あなたが親から言われたことで、覚えている言葉はなんだろう？

「勉強しなさい」

「車に気をつけて」

「仲良くしなさい」

「きちんと食事をしなきゃダメよ」

こんなところだろうか。実際には、こうした日常的な言葉だけではなく、愛情深い言葉も多かったはずだ。穏やかな気持ちになった両親の言葉を思い出してみよう。

私も両親から「勉強しなさい」「ご飯を食べろ」や、ときには「喧嘩するな」といった否定的な言葉でたくさん叱られた。一方で、私が世の中でまっすぐ生きていけるように、私を信じてくれる肯定的な言葉もたくさん言ってくれた。なかでも、いまだに私の人生に影響している言葉がある。

「お母さんはあなたを信じてる」

「あなたは放っておいても、自分からやる子だ」

「あなたを信じなくて、ほかに誰を信じるというの？」

「信じる」という言葉をかけてもらうほどうれしいことはない。「ありがとう」や「感謝します」などの言葉も心が温かくなるが、誰かから**「信じている」**と言われるとなんとも幸せな気持ちになる。これまでの人生で窮地に陥るたびに私を支えてくれたのは、まさに幼い頃に聞いた「お母さんはあなたを信じてる」という信頼の言葉だった。

世間からあまり理解されない仕事をしながらすべてがイヤになってあきらめかけたときも、そんな私を励ましてくれたのは、全幅の信頼が込められた母のその一言だった。そのことをここで打ち明けることで、今度は私が、そしてこの本を読むあなたが、誰かの力になれることを心から願う。

誰かを支えたい？　誰かに希望を与えたい？　それなら、相手を全面的に信頼する言葉で話をしてみること。そのための代表的な言葉は「信じる」だ。相手に自信を与え、その人の人生を成功に導く魔法の言葉である。

自分の話し方を振り返ってみよう。相手を全面的に信頼する話し方をしていただろうか？　今日、誰かを信じる言葉を一度でも言ったなら、あなたは相手が成長するきっかけをつくったことになる。どうすればもっとうまくその言葉が使えるようになるのかを考えてみよう。

じつは「私はあなたを信じる」という言葉はかなり抽象的な表現だ。より効果的に使うなら、抽象的な言葉よりも具体的な言い方のほうがいい。相手の行動を観察し、その行動に対する信頼を伝える言葉を使うこと。例を見てみよう。

「あなたは小さなことにも気配りできる人だ」
「あなたは最後までやり遂げる忍耐力があるから、いつだって信頼している」

どちらも相手の行動に目を向けて、全面的に信頼するという言い方である。難しい話ではない。高度なコミュニケーション・テクニックも必要ない。それなのに、私たちはふだん、こういった信頼を表す言葉をあまり使わない。そういう習慣がないから？　面倒だから？　それともなんとなく恥ずかしいから？　相手の小さな長所を一つ見つけ出して全面的に信頼するという言い方をすれば、相手はうれしいだけでなく、感動するに違いない。

違いを受け入れた瞬間、相手の口が開く

食べ歩くことが好きな私は、周りから美食家と言われることがある。「キム・ボムジュンのおすすめの店は信頼できる」という噂が広まった結果、私の所属部署で会食をする店を決めるのは、たいてい私の役割になった。先輩たちも、私が店を提案するといつも賛成してくれる。

ある日、私の部署で喜ばしいことがあり、先送りにしていた飲み会を急遽（きゅうきょ）開催

することになった。当然、視線は私に集まり、私は待ってましたとばかりに、あらかじめ決めておいた場所を提案した。

「オーガニック料理の店で、雰囲気もいいし、とてもきれいです。毎回脂っこいものを食べているので、たまには新鮮なサラダで健康的な食事をしてみるのはどうでしょう？」

反応はよかった。

「そうだね。みんな、体のことを考えなきゃいけない年齢だしな。いいじゃないか」

「さすがキム次長」

古株の先輩たちも私の提案に賛成してくれて、気分上々だった。ところがそのとき、予期せぬ言葉が聞こえてきた。すぐ上の先輩からだった。

「キム次長、自分の意見だけを押しつけるなよ！」

私は一瞬口を閉ざした。どうしたというんだ？　ふだんは何も言わないのに、今日にかぎって……。

「どうしてですか？　あまり気が進まないですか？　本当にいい店なんですよ。私も大好きな店です」と言うと、先輩はこう答えた。

「いや、俺もその店は好きだ。ただ、ほかの人たちの意見も一度は聞いてみるべきじゃないか？」

「あ、そうですね！」

　私は、自分の提案が先輩たちの好みに合えばそれでいいと思っていたが、たしかに後輩たちの意見はまだ聞いていなかった。僕が先輩だから君たちはついてこい！と言っているような態度だったのだ。毎回、飲み会の店を決めると後輩たちはいつも何も言わず参加していたが、彼らの表情までは見ていなかった。それは間違いだった。いくら野菜が体に良くても、ニンジンやブロッコリーよりホルモンのほうが好きな人もいるはずなのに。自分とは違う意見も受け入れるような話し方をするべきだった。自分とは違う人がいるということを認めようともしないままに発した言葉は、たとえその提案内容が正しかったとしても間違っている。

　世の中には当たり前のことなど一つもない。私と同じ常識をもつ人間は、世界に一人もいないのだ。むしろ、相手と自分に共通する常識などないという前提で話すことが正しい話し方の基本であり、自分の言葉で誰かを傷つけないようにするための最低限のマナーなのだ。たとえば、私がこう言っていたらどうだっただろう？

「オーガニック料理の店で、雰囲気もいいし、とてもきれいです。毎回脂っこいものを食べているので、たまには健康的な食事をするのもいいと思いますが、これはあくまで私の意見です。もしほかに意見がありましたらおっしゃってください。特に後輩たち、ほかに知っているお店があれば提案してほしい。その店は私はすでに何度も行っているから、ほかの店も知りたいしね」

違いを受け入れる話し方は、相手から話を引き出す力になる。違いを認めれば、自分の意見に対する謙虚な思いが自然と言葉ににじみ出てくる。そういう話し方をする人とは会話を続けたいと思うし、積極的に自分の意見も言ってみようと思うだろう。

コミュニケーションとはまさにそういうものだ。一方的ではなく双方向の会話をしたいなら、まず自分と相手が違うことを受け入れ、相手には別の考えがあるかもしれないことを忘れずに、話を始めなければならない。

内向的な人に投げかけるべき言葉

自分の能力を認めてくれる言葉を聞くと、自然と感謝の気持ちでいっぱいになる。特に自分の弱点だと思っていたところについて、それは弱点ではなく強みだと、それがあなたの特徴だと認めて褒めてくれる人がいたら、涙が出るほどうれしい。あなたも同じはず。あなたにも自分で弱点だと思っているところがきっとあるだろう。

私は内向的な性格だ。そのため、「小心者だ」とか「覇気がない」と言われることが多く、しょっちゅう気おくれしていた。幼い頃、母は私によくこう言った。

「ボムジュンは内気だね。男の子なのにどうしてそんなに恥ずかしがるの？」

数十年たった今、私はこう言いたい。

「〈恥ずかしさ〉と〈内気〉は同じ意味の言葉ではありません」

内向的な性格をありのまま受け入れて応援してくれたらもっとよかったのにと、今でも残念に思うことがある。『心をスキャンする』（二〇一四年、カン・ヨンヒョク著、京郷新聞社刊、未邦訳）という本のなかには、「恥ずかしがり屋で非社交的なら内向的で、活発で社交的であれば外向的だというのはあくまで日常的な話で、科学的に認められた概念ではない」と書かれている。さらに著者は「〈内向的〉〈外向的〉は単なる特徴にすぎず、一方が他方より優れた特性であるとは言えない」と断言している。

内向的と外向的の違いはこう説明できる。個人の重要な行動と判断を決める思考と感情の重心が「自分自身」に向いていれば内向的であり、「自分以外の外部対象」に向いていれば外向的である。つまり、基準の違いにすぎず、それ以上ではない。

にもかかわらず、いまだに私のような性格の人は、「内向的な人」と言われる。「内向的」という言葉と「恥ずかしがり屋」という言葉が同一視されているためだ。こういう言葉を使ったり聞いたりした人は、内向的という「烙印（らくいん）を押された」人たちのことを、いつまでも、受動的で消極的な性格の人だと思い込む。

偏見を打ち破るのは、いかに難しいことか。だが、難しいからこそ、一度その偏見を打ち破りさえすれば問題は簡単に解決すると、最近知った。

大学院時代の話だ。ある春の日の午後、教授とお茶を飲みながら性格の話になり、私は悩みがあると打ち明けた。「自分の内向的な性格がイヤなんです」。

教授の表情は優しかった。にっこり笑ってから、次のように言ってくれた。

「内向的なエネルギーが強い人なんですね。世の中に対して慎重に行動する一方で、自分の感性をよく磨ける人ですね」。その言葉に胸が熱くなった。そうだ、私は、心にエネルギーを注いでいる人なのだ。それだけ他人の気持ちも思いやれる思慮深い人間ということだ。どうしてこれまで、その長所を欠点と決めつけていたんだろう？　そのとき、私は、相手がもっているものをありのままに認め、そこに強みを見つけ出して話すことが、いかにすばらしいかを知った。

話している相手に弱点があると知ったら、それを長所に変えて伝えようと努力する。つまり「短所の代わりに長所に焦点を当てる」話し方ができる人が多くなれば、たくさんの人がコンプレックスから抜け出して自尊心を高めることができるだろう。

相手が自分の弱点について話してきたら、すぐに答えようとしないで少し考えることが大切だ。相手の弱点が反対に強みだと言えるようなロジックを探すのだ。それを伝えてみよう。そうすれば、相手が感動していることが、その表情からわかるに違いない。

相手の悩みには繰り返しのリアクションを

子どもが母親のもとに意気揚々と走ってきた。

「お母さん、宿題終わったよ！」

あなたがお母さんだったら、どう答えるべきだろう？
一、「明日の予習はした？」

二、「それで？　またどこかに遊びに行くつもり？」
三、「じゃあ、そろそろ顔を洗って寝る支度をしてね！」
四、「あら、宿題、お疲れさま！」
正解は〈四〉。ただ正直なところ、私だったら〈一〉を言ってしまうだろう。他人が苦労したことを当たり前のようにみなす話し方、私もついついそういう言い方をしてしまう。じつを言うと私は、この悪い口癖を直すために自分なりの努力をしている。もちろん簡単ではない。

先日、ある友人に会った。仕事と大学院を両立するのに疲れていて、そんな日々を嘆いていた。

「会社は僕が大学院に行っているのを嫌がって、授業に出席するだけでも大変だし、大学院は大学院で職場の事情なんて考慮してくれない……。こんな状態で論文なんか書けるんだろうか……」

あなたなら、どう言ってあげられるだろう？

「大変なのは君だけか？　僕だって大変だ。そもそも人生なんて苦痛の連続だよ。

会社に通いながら勉強するのが簡単だと思ってたの？」

こんなふうに答えたら、話は続かない。相手はそれ以上は自分の悩みを打ち明けようとはしないだろう。相手の状況を「当然だとみなす」話し方は、会話を断ち切り、相手との関係性を損なう、絶対にしてはいけない話し方である。段階を追って、練習してみよう。

【ステップ①】 感情に対してリアクションを繰り返す。

「そうなんだ。最近、すごく大変なんだね」

おそらく相手は「うん。本当に大変なんだよ」と言うだろう。だが、ここで止まると会話は発展していかない。

そこで、第二段階に移ろう。

【ステップ②】 相手の具体的な問題に対してリアクションを繰り返す。

「働きながら大学院の論文を書くなんて、本当に大変そうだね」

ここまで話せれば、あなたの話し方はなかなかいい線をいっている。相手の悩みに対して、そんなことは当然のことだという話し方をしない、いわば「話し方の達人」の域だ。相手の感情と悩みに対して、繰り返し確認するようにリアクションすれば、相手はこう言うだろう。

「そうなんだよ。わかってもらえてうれしい。じつはさ……」

この先は、相手もきっと自分で解決策を見つけようとするはず。相手の心のなかに隠れていた可能性を見つけ出し、最後には自分で前進できるように仕向ける話し方である。

ここでさらに、劇的に相手との関係が深まり、相手が自ら道を切りひらいてよい結果につながる話し方がある。まさに一挙両得。自分と相手の関係性はもちろん、相手も成長できる話し方だ。こう言おう。

「君だから、そんなふうに仕事と勉強を両立できるんだよ。僕だったら、いや普通の人ならとってても無理だ。君みたいな友達がいることを自慢に思うよ！」

よい話し方の法則②

過去の経験を利用した説得法……免疫効果

米国の社会心理学者マクガイアによって、相手を説得できるかどうかは、説得される側の過去の経験が重要な役割を果たすことが明らかになった。いわゆる**「免疫効果」**だ。「予防接種効果」ともいわれる。つまり、前もって弱いメッセージを受け取って免疫機能を高めておくと、あとで強いメッセージを受け取っても簡単には説得されない。

というのも、強いウイルスほど体により致命的なダメージを与えるように、メッセージが強ければ強いほどより多くの行動変化が引き起こされる。つまり、予防注射を打った人が抗体をつくって強いウイルスに抵抗するように、あらかじめ弱いメッセージを受けて免疫力をつけた人は、強いメッセージにも抵抗できるのだ。

では、説得されやすい人とはどんな人だろう?

第一に、自分が攻撃的な人は、相手からも厳しい言い方をされたほうがより大きな影響を受ける。攻撃的でない人は、穏やかな言い方をされたほうが大きな影響を受ける。

第二に、ある条件下で説得されやすい人は、そうでない人よりほかの場面でも説得されやすい傾向がある。

第三に、自尊心の低い人は高い人より説得されやすい。自尊心の低い人は、自分の態度を変えることにそれほど抵抗がない。そのため、少し脅かされただけで自分の態度を変えてしまう。

第四に、知的な人は情報を批判的に見る力があるため、説得されることもあれば、逆にされないこともある。知的でない人は論理的で一貫性のある主張には説得されるが、知能が低い人はむしろ複雑でも難しくもない主張に説得されやすい。言いかえれば、相手の知力によって、説得しやすいメッセージも変わってくる。

ビジネスシーンでも、こうした免疫効果を利用して、行動心理学でいうところの**「譲歩的要請」**と**「段階的要請」**を使って人々を説得することがある。

「譲歩的要請」とは、子どもが母親に何かをねだるときに、まず高いものを買ってほしいと駄々をこねて、それが無理ならそれより少し安いものを買ってくれというやり方だ。無理な要求を先にして、あとでそれより小さな要求を聞いてもらう方法をいう。

反対に、「段階的要請」は、まずは小さな要求に応じさせておき、そのあとでだんだんと大きな要求も聞いてもらう。営業マンが多く使う手法だ。免疫効果とこれを活用した二種類の説得方法を覚えておけば、説得したい場面ごとにうまく利用できるだろう。

第3章

仕事も人間関係もよくなる言葉の習慣

カフェでするといい話と会議室でするといい話

「今そういう雰囲気じゃないので、報告はあとにしてもらえるかな」

会社員だったら誰でも一度は言われたことがあるのではないだろうか。日常生活を振り返ってみよう。自分の主張が反論の余地のない完璧なものであっても、相手がそういう気分でなければ聞く耳をもってもらえないことが多い。聞く人の気分や、話す人の立場、ときには聞き手の人柄などによってその話を聞いてもらえるかどうかが決まるといっても過言ではないだろう。「どう考えても私の言っていることは正しいのに、まったく聞いてもらえない！」と嘆く人が反省すべきは、話の内容ではなく、相手の気分を察したり、空気を読んだりすることだ。相手が今どんな気分なのか、その人の周りがどんな空気なのかわからないままでは、話をすることで得るものよりも失うもののほうが大きい恐れもある。となれば、次のような「探りの言葉」から話しはじめることをおすすめする。

「部長、今、ちょっとお時間ありますか？」

「室長、お話ししたいことがあるのですが、昼休みのあとに伺ってもよろしいでしょうか？」

こちらの主張を聞いてもらえるかどうかは、主張の正当性や論理の厳密さで決まるわけではない。相手の気分を察することのほうが大事なのだ。相手の気分を探ろうとする言葉によって、相手は「この人は私に話をするために努力している！」と感じ、自分が尊重されていると思う。そうなれば、相手は喜んで会話に応じ、真剣に話を聞いてくれるだろう。何かを得るために話をするときには、相手の気分と空気を探る話し方で始めてみよう。

もう一つ、空気を読んだ話し方と同じくらい、いや、場合によってはそれ以上に大事なのは、相手が話を聞こうという気になる空気をつくり出す努力だ。面接の場面を想像してみよう。しかめ面の面接官を前に、緊張した面持ちの受験者……。張りつめた空気に圧倒され、面接を受ける者は、ふだんうまく話していることさえ言えなくなる。面接官から鋭い質問をされたら、さらに緊張して話せなくなる。もちろん面接とは、そうした状況でも論理的に話ができ、表情や振る舞いが魅力的な人物を選ぶためのものなのだから、そうなっても仕方ない。だが、ふだんの会話の場をあえて面接のような雰囲気にする必要はないはずだ。

具体例を見てみよう。子どもに日頃の勉強の仕方について何か言っておきたいと思う母親は、たいていは次のような言葉で話を始めてしまう。

「ヨンチョル、お母さんの部屋に来なさい！　ちょっと話があるから」

おそらく子どもは、母親の部屋にたどり着く前に防御の壁をつくってしまうはずだ。子どもと話をするなら、いや、子どもと話すことで自分の目的を果たしたいなら、話をする場所にも気を使わなければならない。まずは、子どもが心の扉を開いて話しやすい雰囲気をつくれる場所を考え、そこで話を始めよう。たとえば、こんなふうに。

「久しぶりにお母さんとアイスクリームでも食べに行こうか？」

自宅ではなく近所のアイスクリーム屋さんで話をすれば、効果は格段にアップするだろう。子どもの緊張感がやわらぎ、母親と話し合う心の準備ができるからだ。

では、営業マンだったらどうだろう？　取引先を訪問する際、先方のオフィスの会議室で話をするより、カフェなどでコーヒーを一杯飲みながら打ち合わせをしたほうがいい場合もある。カフェには会話に適したサイズのテーブルがあるので、お互いに負担にならない距離感を保つことができる。飲み物もあるため、自然な身振りでスムーズに話を進められるだろう。また、ほどよく騒がしい環境は、ミーティングへのプレッシャーや緊張感をやわらげてくれる。今日、もし誰かと打ち合わせの予定があるなら「コーヒーでも飲みながらにしましょうか」と言ってみてはどうだろう。

うまく質問するだけで、相手は断れなくなる

話をすることで望むものを手に入れたいのであれば、相手が尊重されていると感じる質問をすることが大切だ。そもそも、質問とは知りたいことを得るためのものである。何も考えずにただ聞くのが質問ではなく、あらかじめ「知りたい情報」があって、それを得るために質問をするのだ。また、質問は自分自身を成長させてくれるものでもある。質問が上手な人は、自分に何が足りないかがよくわかっている。一八世紀のドイツの物理学者、リヒテンベルクは「知恵に向かう第一歩は、何についても質問することだ」と、質問がもつ力を強調している。

相手との話があまりうまくいっていないと感じたら、いったん立ち止まってみるといい。そして相手に質問することによって、その状況を打開する糸口を探ってみよう。質問は会話の潤滑油のような役割を果たしてくれる。ある中小企業の役員が

「上司の指示に対して、スケジュールや進捗状況についてあれこれ質問してくる部下は信頼できる。そういう部下がこなした仕事はすぐにＯＫを出せる。その部下の質問に答えることで、自分の言いたいことはすべて伝わったのだから」と話すのを聞いたことがある。質問を受けてそれに答えるという過程ですべての問題が解決済みのため、仕事をスムーズに進められるのだ。

質問することのメリットはそれだけではない。質問することで相手を尊重する気持ちも伝えられる。もちろん例外はある。たとえば、以下のような、相手を尊重する気持ちを欠いている質問だ。

「これで仕事したって言えるのか？」
「こんなことも知らないの？」
「何がしたいんだ？」

実際、こういう言い方は質問を装ってはいるものの、言葉の暴力にほかならない。相手を尊重する気持ちを込めてこそ「本当の質問」になる。自分自身を成長させるとともに、相手から知りたい情報を得られる聞き方こそが「質問」なのだ。

では、どんなふうに質問すればいいだろう？　一つだけ覚えておこう。質問するなら、「すぐに」すること。質問の回数（量）も大切だが、質問のタイミング（質）も重要だ。上司から何かするようにと指示されたら、その瞬間「上司に何を質問すべきか？」を考える。その仕事について適切な質問をして上司からフィードバックをもらう。それが円滑に行なわれれば、指示された仕事の出来について上司からOKと言われるために新たに話し合いを重ねる必要はない。なぜなら、その仕事を終える前にすでにOKをもらっているようなものだからだ。このように、質問は、コミュニケーションを完結させるツールとして大きな役割を果たしてくれる。

人生を「！」（びっくりマーク）で満たすためには、「？」（はてなマーク）が必要だといわれる。それはまさに、質問の重要性を語っているが、質問するのは意外と難しい。自分の話し方や立場などを確認する慎重さが必要だ。まず、質問する相手が自分よりも立場の低い人ではないか、次に、質問のなかにすでにあなたが求めている答えがないかをチェックする。この二つに該当していたら、あなたの質問は相手には暴力的なものととらえられているかもしれない。

そういう点に注意をすれば、質問することのメリットはさらにある。質問は、専門性を高める近道だ。他人の意見を無料で聞くことができるからだ。つまり、質問は、自分が専門家になるための強力な方法ともいえる。また質問によって、予防線を張ることもできる。いくら注意深く仕事をしていてもミスすることはあるだろう。そういうとき、質問を通じて上司と頻繁にコミュニケーションをとっていれば、自分だけの責任にされずにすむ。質問によって自分を守ることができるのだ。誰かと大事な話をするとき、事実や意見を述べている文章を一つ選んで質問文に変えて話すことから練習してみよう。相手の反応を見てもう一つ、また別の文を質問に変えて話してみよう。これを繰り返していけば、いつのまにか、質問を活用して自分の望むものを手に入れる話し方を身につけることができるだろう。

スカッとする一言で相手の怒りに寄り添う

週末を前にした金曜日の午前十一時。取引先との約束がキャンセルになり、急遽一人で昼食をとることになった。かきいれ時のランチタイムに、一人でテーブル席を占領するのは肩身が狭いので、混雑する前に早めに食べたほうがいい。近くに、創業三十年近くになるという有名なカムジャタン（訳注：骨付き豚とジャガイモを辛く煮込んだ韓国鍋）のお店があるので、昼食の時間帯の前にまだ静かな店に入った。

「いらっしゃいませ」

席に座る。客はまだほとんどいなかった。そのとき、店の電話が鳴った。電話に出たお店のおばさんの表情がくもる。一階には四つか五つしかテーブルがないお店で、おばさんの話し声から電話の内容が想像できた。電話を切ったおばさんは、ほかの店員に不満そうな顔でこう言った。

「二人なんだけど、二階の静かな席を予約したいって言うのよ。無理だと言ってもどうしてもって聞かなくて」

ほかの店員たちも「あきれた」という表情だ。ちなみにこの店はランチタイムに少しでも遅れると並ばなければ入れないぐらい人気がある。予約すること自体が厚かましいのに、この老舗（しにせ）のカムジャタン店で「静かな席」を求めるなんて、すごい度胸だ！　それだけではない。続くおばさんの話を聞いて驚いた。

「無理だと言ったら、韓国のおばさんに代われって言われて」

「まったく」

電話に出たおばさんが朝鮮半島北部のイントネーションなのを聞いて、電話の向こうの男性がそう言ったという。私は聞いてみた。

「二階の静かな席を二人だけで予約したいと言っているんですか？」

「そうなんです」

その瞬間、思わず「頭がおかしいんじゃないか！」という言葉が飛び出してしまった。すると、おばさんの表情がぱっと明るくなった。

「ははは。そうですよね。本当に……」

そこまで言うと、おばさんは笑った。「頭がおかしい」という私の言葉はさすがに繰り返さなかったが……。しばらくして私が注文したものといっしょに、サイダーと目玉焼きが運ばれてきた。

「サービスです」。おばさんが笑っている。

そのとき、誰かの心を慰めてあげられる方法を一つ発見したと気づき、私も気分がよくなった。話すとは、自分の感情を解きほぐすことだ。その過程で、心が「デトックス」される。フロイトは、「話すことで自分の感情を落ち着かせ、安定させることができる」と言ったが、まさにおばさんの気持ちを私が代弁したのではないだろうか。おばさんは、自分の怒りに共感して、それを言葉にしてくれたことに感謝してくれたのだ。

これは日常生活でも大いに使うことができる。相手が怒っていたら、どんな話し方をするべきか？　たいていは、こんな言葉を投げかけていないだろうか。

「あなたが我慢しなくちゃ」

「まあ、ここは目をつぶって」

「よくあることだよ」

「君も君なんじゃないか」

「人なんてみんなそんなものだ」

どれも、正しいリアクションではない。怒っている相手にこんな言葉を投げかけても、なんの役にも立たない。そういうときは、多少過激な一言が必要なのだ。相手の感情を解きほぐすスカッとした言葉で、相手の怒りに寄り添ってみよう。

ときには形式を捨ててこそ、得られるものがある

会社員にとって、報告書は永遠に続く宿題である。ときには、誰がパワーポイントを上手に使いこなせるのかを知るためだけに報告書を書かされているのではない

かと思うほどだ。こうした社内の状況を知ったある企業のＣＥＯの対応が、今でも記憶に残っている。

現代（ヒョンデ）カード（訳注：韓国を代表する現代自動車グループのカード会社）の副会長、丁太暎（チョン・テヨン）氏は、現代キャピタル（訳注：現代自動車グループの金融会社）のＣＥＯだった時代に、パワーポイントで社内文書を作成することを禁止した。後に彼が語った話によると「パワーポイントを禁止して、すべての報告書を手書きかエクセルで書くようにしたところ、よけいな文言がなくなった。コピー用紙の消費も大幅に減り、核心をついた議論に集中できるようになった」そうだ。

経営陣のトップが断固として進めなければ、誤った習慣を正すのは難しい。私もかつてこんなことを言う上司のもとで働いたことがある。

「絶対にパワーポイントで整理したものを持ってくるな。内容をきちんと頭に入れて、口頭で伝えるように。本当に必要な場合だけ、裏紙にボールペンでポイントを書きなさい」

その上司は、報告のためにパワーポイントを使ってきれいな色をつけ、イラストを入れ、表をつくるといった細工はしないようにと強調した。報告に必要なのはファクトにもとづく社員の本音であって、華やかな資料ではない。本質や目的といった実際に価値のあることに集中しようということだ。実際、この上司はパワーポイントの色合いや図形にはまったく関心がなく、ひたすら担当者の意見について議論した覚えがある。

手段より目的、形式より価値を重視する姿勢と話し方、さらにはそれを実際に行動に移す姿を見て、その上司をいっそう信頼できるようになった。彼は、価値に集中しようという言葉だけで部下から信頼を得たのだ。

メジャーリーグで活躍中の投手、柳賢振（リュ・ヒョンジン）の投球フォームを私が真似したとする。それだけで、私は彼のような選手になれるだろうか？　格好よくストライクゾーンにボールを投げられるだろうか？　もちろん、無理だ。

私がすべきことは柳賢振投手のフォームを真似することではなく、まずはストライクゾーンまで届くように鍛えることだ。むやみにフォームを真似しても、そこに実力がともなっているわけではない。まずは筋力をつけ、技術を身につけ、自己反省的な振り返りを通して、経験値を積むことがより重要なのだ。

仕事の報告書も同じだ。基本的な実力がともなわないままに、うわべだけの報告書をつくるケースがどれだけあるだろう。報告書の内容そのものではなく、形式にばかり目がいっているため、報告書が「台無し」になる例は山ほどある。もちろん細かい部分も重要だ。それを無視していいということではない。しかし、「三二ページ、二行目、〝決算〟ではなく〝決済〟の間違いだろ？　もっと気をつけるように」、「次のページ、三つ目と二つ目の項目の列が揃ってないね？」、「このマスの色、もう少し暗い色にして出し直して」。こんなふうに全体の内容より細かいことばかり指摘する上司をもつ部下は気の毒だ。

結局のところ、上司の強い意志をもって部下に指示することが非常に重要だ。前述のように「パワーポイントを使わないように」、「会議には何も持たずに口頭で説明しなさい」といった方針を確実に伝えなければならないが、口先だけで実際の行動がともなわなければ意味がない。

一つ例を挙げよう。あなたは社長で、迅速な意思決定と円滑なコミュニケーションのために必要のない文書の作成をなくすべく、社員にこう指示したとする。「今後はパワーポイントで報告書をつくることに時間を費やさないように！」。それなのに、次の会議である社員がパワーポイントでカラフルな報告書をつくってきた。

そのとき、あなたはどうするだろう？

「やらなくていいと言ったのに……。まあ、でもよくできているよ。お疲れさま！」。これではあなたの方針がブレていることになる。それを聞いたほかの社員からは「そらみろ。結局、きれいな報告書をつくれっていう話じゃないか！」と陰口を叩かれることは間違いない。そんなときは、次のように言わなければならない。

「報告書に時間を使うなと言ったじゃないか！　二度とこんなことはしないように」

全員がいるところでかなり強く叱責するのだ。それでこそ、あなたの言葉が生きてくる。同時に社員たちが、手段ではなく価値に集中するあなたを尊敬するきっかけにもなる。私もそうだ。手段より目的を強調する話し方の人を尊敬する。そういう人なら信頼できるし、そういう人とはよい人間関係を築きたいと思う。逆に目的より手段、長期的観点より短期的なその場しのぎですまそうとする人は信頼されない。そういう人に対しては、私は相手にとって、目的ではなく手段、長期的ではなく短期的な人間関係の対象でしかないのだなとしか思えなくなり、距離を置いてしまう。あなたは手段と目的をうまく使い分けることができるだろうか？　それによって、あなたの言葉が尊敬されるか、また、信頼されるかが決まるのだ。

あなたが相手に本当に求めていることはなんだろう？　相手とのあいだに不必要なことが存在していないだろうか？　必要のない形式を捨て、本質、価値、核心に集中した話し方で相手と接してみよう。

具体的な方向性が人を動かす

私は長いあいだ、営業マンとして働くなかで、多くの顧客を相手にしてきた。また、顧客とよい関係を築き、実績を上げるために、上司から多くのサポートを受けてきた。

ずいぶん前のことだ。今は退職してしまったある役員と昼食をとることになった。一〇人以上の営業部員といっしょに顧客や営業活動、実績についていろいろな話をするなかで、誰かが「A会社を担当していますが、すでにライバル会社のお得意様です。そこに食い込む方法がまったくわからなくて。どうやって営業をかければいいでしょうか？」と質問した。その役員はしばらく考えてから、こう言った。「自分が手にできないものがあれば、それが誰かの手に入ってしまわないように、できるだけのことをしなければならないだろう？　ライバル会社の客だからといって黙って見ていては営業マンとはいえない。ライバルのお得意様なら、なおさら積極的にアプローチしなければいけない。顧客がライバル会社の営業マンを呼びつけて、『どうしてあなたのところは、あの会社のように提案してこないのか』と怒鳴りつけるくらいのことをするんだ」。

役員の説明を聞いて、私は自分の甘さを思い知った。要するに、そうやってライバル会社の営業マンの手を煩わせることになれば、ライバル会社はこちらの会社の顧客に対して営業をかける余裕もなくなる。ライバル会社の不利益になるようなことをするのは、現場で働く営業社員の権利であり義務だという話だった。役員は、次のような言葉で締めくくった。

「私たちが少しでもためらう姿勢をとれば、それがライバル会社の利益になる。危険を冒してでも大胆に行くべし」

営業とは何かについて考え直すきっかけになった言葉だった。考えが変わっただけではなく、勇気がわいた。ただ眺めているだけではなく、自ら事態を動かす力をくれた言葉だった。

人に力を与える言葉とは、単に希望や夢を感じさせるだけのものではない。抽象的な夢や希望だけでなく、具体的な行動の原動力になるような話し方が必要だ。組織のリーダーならなおのこと、聞く人の心の奥から力がみなぎってくるように話さなければならない。あなたの話を聞いた部下が、また、あなたと話したあなたの息子や娘や妻がやる気になるようにしなければならないのだ。

簡単なことではない。かといって、特別難しいことでもない。経験と相手への愛情があれば大丈夫だ。相手に責任を押しつけることさえしなければ、できるはずだ。

先ほどの状況で、役員がこのように言っていたらどうだっただろう？

「やる気が足りないんじゃないか。最後までやってみなさい」

「私の時代はそんなこと問題にもならなかった。もっと頑張りたまえ」

こんな答えが返ってきたら、その場にいた社員は心のなかで「それくらいなら私でも言える」とつぶやいたことだろう。そして、役員の話を右から左へ聞き流していたに違いない。相手に挑戦を促すには、相手の立場に立って考え、具体的に話さなければならない。どんなに格好いい言葉でも、内容が空っぽでは意味がない。相手が具体的な行動に移せるような力を与える言葉でなければならないのだ。たとえば、「自由」とか「平和」といった誰が見ても「よいもの」を「よい」と主張したところで、たいした感動は与えられないのと同じだ。それよりも、意見が分かれるようなときでも、独自の論理で相手の立場を考えながら話すことが必要なのである。

誰でも自分のよいところを言ってくれた相手に心を開く

先日、高校時代の同級生に会った。かつていっしょに本を読み、討論をした友人たちとほぼ十年ぶりに集まったのだ。久しぶりだったので、高校時代の思い出を語り合った。屋台に移動したら、隣の席に親しかったミンギュが座った。そうだ、ミンギュとは母親同士の仲が良かったと思い出して、聞いてみた。

「ミンギュ、お母さんは元気？」

ミンギュの表情がみるみる暗くなった。あ、何かまずいこと言ったかな。何があったのだろう……。申し訳ない気持ちになった。案の定、「数年前に亡くなった」という答えが返ってきた。しまった！　と思ったが、こういうときは、むやみに申し訳ないと言う必要はない。「申し訳ない」という言葉によって、相手がさらに気まずくなる恐れがあるからだ。私は黙って聞いていた。ミンギュの母親の顔も思い出した。そこで、ミンギュが話をやめて焼酎を一杯飲んだタイミングでこう言った。

「お母さん、本当に美人だったよね」

焼酎のグラスを置いたミンギュの目が赤くなった。下を向き、言葉を続けることができずに涙を流していた。私たちは黙っていた。そのあと、気を取り直したミンギュが言った言葉が、いまだに記憶に残っている。

「四十歳を過ぎてもまだ母が恋しいよ。母の姿をそんなふうに覚えてくれているなんて。そう言ってくれて、ありがとう」

相手のよいところを見つけて伝えれば、その人にとっては救いのような言葉と感じられるだろう。会話を始める前に、相手がもっている、あるいはかつてもっていたよいところを探してみよう。それが相手の具体的な行動なら、さらに効果的だ。

たとえば、こんなふうに。

「あなたは小さなことまで気配りできる人ですね」

「君は最後までやり遂げて忍耐強いね」

「いつも明るく笑ってくれるから、君といっしょにいると気持ちがいい」

周りの人を思い出して長所を見つけてみよう。欠点を見つけてあげつらうのは簡単だが、長所を言葉にするのは勇気がいるかもしれない。でも、大丈夫。「今日のその服の色、本当に似合うね！」というように、目に見える簡単なことから始めればよいのだから。少なくとも一日に一回は誰かのよいところを見つけて言葉にしてみよう。

わけもない褒め言葉が欲求を満たす

仕事を終えて帰ろうとしたとき、携帯にメールが来た。メッセージを開く前からイヤな予感がする。たいていは何か頼まれごとか、業務の指示だからだ。だが、末の娘からだった。ほっとしてメッセージを読んでみた。

「お父さん、最高！」

「ん？　どうした？　何があったんだ？」とすぐに返事を打った。

「別に！」

その帰り道はずっと思わず笑みがこぼれ、足取りも軽かった。何度そのメッセージを見返したかわからない。コンビニに寄って、娘の喜ぶ姿を想像しながら、娘の好きなお菓子まで買った。子どもが送ってきた他愛もないメッセージで、こんなにも幸せな気分になるとは不思議だ。特になんの理由もない褒め言葉、それも十歳にもなっていない子どものメッセージに、仕事の疲れは一気に吹き飛び、その日はとても気持ちよく終わった。人間には「承認欲求」というものがある。承認欲求が満たされないと、自尊心が低くなったり、精神的に不安定な状態になったりする。しかし、話し方一つで相手の承認欲求を満たすことができる。それが「褒め言葉」だ。重要なのは、相手が成し遂げた成果を褒めるよりも、その人自身を褒めるほうが効果があるという点だ。もちろん誰かを褒めるときに、その理由を示すことが大切なこともある。だが、理屈よりも感情に訴えるほうがいいということを、小学校二年生の娘が送ってくれたメッセージで実感した。

私たちはふだん、口先ばかりで中身がともなっていない人を悪く言う。だが、たとえ言葉だけであっても、それが自分を誇示するための一方的な言葉ではなく、相手の心を癒やすための言葉ならアリなのではないだろうか。

いうまでもなく、営業マンにとっては、わけもなく顧客を褒めることが成功の秘訣だ。上司に対しても同じだ。

「室長、いつも私が室長に感謝しているのを知っていますか？」

「今回私が昇進できたのは、すべて室長のサポートのおかげです」

褒めることが見つからないと悩む必要はない。それよりも相手に関心がないことのほうが問題だ。褒めることが一つでもあったら、なんとかうまく表現してみよう。今すぐ、目の前の人を褒めてみよう。理由がなくても心配する必要はない。相手を傷つける内容でなければなんでもよいのだから。小さいことでもいいので褒めることを一つ見つけて、気持ちのいい話し方で伝えてみよう。

「なるほど！」だけで完璧な会議ができる

ブレインストーミング。米国のある広告会社の副社長が考案した会議の方式で、「一つのテーマについて会議の形式を決め、メンバーが自由に発言してアイデアを出し合い、解決策を見つけようとする方法」である。この方式では、アイデアの量が多いほど質の高いアイデアが出ると考えられている。多少突拍子(とっぴょうし)もないアイデアであっても自由に出し合い、互いに批判するのではなく尊重し、一つのアイデアからまた別のアイデアに広げていく試みだ。

ところで、こうしたブレインストーミングの目的は、単に質の高いアイデアを引き出すことだけだろうか？　私は、それ以上に大事なことがあると考えている。ブレインストーミングに参加したメンバーは自分のアイデアが尊重されるという実感を得られ、結果的に自分の成長につながるからだ。最初から結論を出そうとすると、誰も口を開かなくなるだろう。だが、アイデアが出るたびに互いに励まし合う雰囲気をつくることで、活気に満ちた会議になる。全員が積極的に参加するコミュニケーションの場をつくるためにも激励の言葉が必要である。リーダーには、ブレインストーミング以外の場所でも、つねに積極的に参加者の意見を聞こうとする努力が求められるだろう。

ここで考えてみよう。ブレインストーミングをすると言いながら、リーダーが口を挟み、かえって参加者の口を塞（ふさ）いではいないだろうか。具体例を挙げてみよう。ある会社の部長がAというプロジェクトについて、部下を集めて意見を聞きたいと言った。

「今日は思っていることを思う存分、言ってくれ。私がいないと思って。みんなが気兼ねなく発言できるように私は黙っている。その代わり、全員に積極的にアイデアを出してほしい」

ためらっていた部下の一人が口を開いた。

「私の意見はこうです」

それを受けて、もう一人が意見を出す。それに答えてまた意見が出て……。いよいよ本格的なアイデアが出る頃になって、部長がすっと手を挙げ、「一言だけ言わせてくれ」と言って、ホワイトボードの前に立った。

「今まで聞いているかぎり、みんな何か勘違いをしているんじゃないか。そもそも、私たちの事業は……」

部長は十分間にも及ぶ演説を終え、言いたいことを全部言ってすっきりしたという表情になった。そして自分の席に戻ると、こう言った。「さあ、また続けて」。

だが、このあとの会議は「ブレインストーミング」ではなく、「ブレインストーミングを口実にした会議」でしかなくなるだろう。当然、新しいアイデアなど出なくなり、はっきりした結論がないまま会議が終わることになる。

アイデアの広がりを妨げ、部下の成長を阻止しようとするのは、簡単だ。リーダーは、部下が発言するときに口を挟めばいいのだから。反対にアイデアを共有しながらいっしょに成長していきたければ、じつはそれも難しいことではない。とにかく、少しのあいだ、じっと黙っていればいい。「よけいなおせっかい」は、相手の成長を妨げる話し方だということを覚えておこう。

　ある読書会に参加したときのこと。本を一冊読んで互いに感想を述べ合う場だったのだが、これまで私が参加した会のなかでも参加者の反応がいちばんよく、多様な意見が交わされ、充実した討論だった。二時間ほど続いた討論のなかで、進行役の会のリーダーが発した言葉はこれだけだった。

「お、なるほど！」

　あなたは相手が話をするとき、聞いているタイプだろうか、途中で割り込むタイプだろうか？　おせっかいな一言は少なければ少ないほどいいということを頭に入れておこう。もちろん、まったくないに越したことはない。

よい話し方の法則③

交渉に成功する会話術
「一五〇万ウォンでこの車をお譲りします」

取引においては、同じ内容でもどんな言葉や表現を使うかによって交渉結果が変わってくる。ドイツのザールラント大学とリューネブルク大学の共同研究によると、販売する側が言葉と表現を少し変えるだけでより高い価格で売れるという。たとえば、中古車の購入を考えている顧客に対して、販売者ははたしてなんと言うのがよいだろうか?

一、「一五〇万ウォン（訳注：二〇二三年三月時点で一ウォンは約〇・一円）でこの車を売りたいと思っています」

二、「一五〇万ウォンでこの車をお譲りします」

二つとも、販売価格が一五〇万ウォンであるという点は同じだ。だが、買ってもらうためには、二番目の文のほうがいい。そのほうが希望価格で取引が成立する確率が高いというのが研究チームの結論だ。

リューネブルク大学心理学科のロマン教授は「一五〇万ウォンで車をお譲りします、という言い方は相手の意識を集中させるのに効果的だ」としている。なぜなら、「自分がこの車を所有できると感じられるから」だという。「一方で、一五〇万ウォンで売りたいという言い方は、相手がこの取引に注ぎ込まなければならない金額を強調することになる。割引されたり恩恵を受けたりというイメージよりも、取引で失うお金が強調される」と説明した。

研究チームは八つの実験を行ない、すべての実験で同じ結果が得られたという。販売する側が言葉と表現に慎重であればあるほど、より高い価格で取引できるのだ。

また、交渉がうまくいかない場合、すぐに価格を下げるより、何かをプラスして提供することで買ってもらえるよう誘導できる。たとえば、スノータイヤをおまけでつけるという提案をすれば、相手に恩恵を受けられるというイメージをもたれ、取引が成功する確率が上がる。

交渉にあたっては、同じ内容でも言葉の微妙な違いだけで結果が変わることを必ず覚えておこう。

第4章

やめたほうがいい言い方

相手を見下す「軽蔑」の言葉

弱い立場の人はいつも弱いままなのだろうか？　いや、そんなことはない。ときには弱い立場の人が強い立場になったり、強者が弱者になったりもする。だとすれば、今自分が強い立場に置かれているからといって、安易な話し方をしてはならない。なかでも特に気をつけるべきは、絶対に使ってはいけない「軽蔑」の言葉だ。

軽蔑とは「相手を見下す」こと。「あなたは、相手を軽蔑するような言葉を使っていますか？」と聞かれて、「はい」と答える人はまずいないだろう。そもそも「軽蔑」という単語自体のイメージが強いので、ほとんどの人が「そこまでひどい態度は取っていない」と思うのも無理はない。しかし実際には、思ったより多くの人が相手を軽蔑するような言葉を使っている。では、質問の仕方を変えてみよう。「見下されたような言い方をされて、イヤな気分になったことはありませんか？」。

この問いに対してはほとんどが、「はい、あります」と答えるはずだ。見下されるような言葉に傷ついた人はそんなにたくさんいるのに、ほとんどの人はそんなふうに言った覚えはないと答える。つまり、私たちは無意識のうちに相手を見下した言い方をしているのだ。相手を軽蔑するような言い方は、その人には価値がないと言っているのと同じだ。にもかかわらず、そのことに気をつけている人はあまりいない。

中堅企業のチーム長をしている友人がいる。仕事もできて、社内でも認められている。職場はもちろんのこと、家庭でも理想的な父親で、友人のあいだではいつもお手本とされる人物である。ところがある日、飲み会の席で打ち明けた彼の悩みに驚かされた。彼の会社の社長はふだんは優しいのだが、酒が入ると人を見下したような言い方をするという。社長は、彼がコンプレックスに思っているようなことでも平気で侮辱混じりに話すというのだ。たとえば、こんな感じで。

「K社のキムチーム長、知ってるだろ？ 名もしれない地方の大学出身らしい。どうしてそんなやつがチームを任されるんだろうな。キムチーム長って、仕事はできるけど……なんていうか、知識はあるけど知恵が足りないんだよ。なにせ地方大の出だからね」

ちなみにこれを聞かされた私の友人は、大学院まで出ているものの、地方国立大学の出身である。友人は、「地方の大学は出ても意味がない」という社長の言葉を聞いてどんな気持ちになっただろう？　社長からしてみれば、その場にいない第三者の話なのだから問題ないと思ったのかもしれないが、聞く側にとっては必ずしもそうではない。社長の言葉には明らかに軽蔑の念が込められていると感じたという。そういうことが一度や二度ではないそうだ。会社では紳士的に振る舞っていても、酒の席になるとそんな言い方になる社長に対して、友人は「社長に見下されている」という気持ちになった。さらには、自分は役に立たない人間だと言われている気がしたという。社長のその言葉は、直接言われるよりももっとひどいものに感じられたのだ。結局、彼はその会社を辞めた。もちろんその原因は社長の言葉だけではなかったが、会社にいたくないと思った瞬間の多くは、社長がそんなふうに人を見下す発言をしたときだった。

軽蔑的な言い方は、直接相手に言う場合はもちろんだが、間接的な場合でも、ときには相手を見下すことになる。最近あなたが聞いたなかで、最も人を見下していると感じられた言葉を思い出し、そういうとき、あなたならどう言うかを考えてみよう。軽蔑的な言葉ではなく、相手を尊重するような言い方の練習から始めてみよう。

「君は知らなくていい」という言葉で本当に知らない人になってしまう

ある日、人からどんなふうに言われるとイヤな気持ちになるのか気になって、小学四年生の次男に聞いてみた。すると次男は、「驚いた口ぶりで反応されるとイヤだ」と答えた。「驚いた口ぶりの反応」とはどういうものなのかピンとこなかったので、もう一度聞いてみると、次男はこう言った。

「『こんなことも知らないの⁉』っていちいちびっくりされるとイヤな気持ちになるよ」

　自分を馬鹿にするような態度を寛大に受け入れる人などいない。それは十歳の小学生にとっても、四十歳を過ぎた大人にとっても同じだ。私は次男の答えを聞いて真っ先に反省した。私も妻も、思わず子どもたちを見下す言い方をしてしまっているという心当たりがあったからだ。

　こんなこともあった。その日、会社での仕事がうまくいかなかった私は、帰宅しても暗い顔をしていた。そんな私を見た妻は、梅茶を一杯いれてくれ、心配そうにこう聞いてきた。

「最近、会社で何かあったの？」

　私はそのとき、とんでもない答え方をしてしまった。

「君が僕の会社のことを知ってどうなるんだ？」

　今思い返してみれば、恥ずかしい話だ。妻はどれだけイヤな気持ちになっただろう。もちろん、そう言った自分自身もいい気持ちはしなかった。あのとき、私はこう答えるべきだったのだ。

「仕事が急に忙しくなってちょっと疲れただけだよ。でも大丈夫。助けが必要なときには相談するよ」


さらに、「よけいな心配させたね。すぐよくなるはずだから、心配しなくていいよ」といった言葉を付け加えられたら、なおよかっただろう。相手の価値を下げるような言い方がどれほど残酷なものか。無意識のうちに誰かを見下すような言い方をしていないか、そのときの自分の気持ちやコンディションで、相手の気分を悪くさせるような言葉を投げかけてはいないか。思い返してみよう。見下す言い方は、ときに相手の心に傷を残すことを忘れず、絶対に使わないように気をつけなければならない。


「君はそんなこと知らなくていい。勉強しなさい」

「おまえに何がわかると言うんだ」

「よけいなことを考える時間があるなら、さっさと寝なさい」

「自分で勝手にするから、ほっといてくれ」

いくつかの例を挙げただけでも、思いあたる人は多いはずだ。これらは、絶対に口にしてはいけないいすぐにやめるべき言葉である。

「用件だけを簡潔に」が人間関係を悪くさせることもある

社員食堂のない会社に勤めている友人の話だ。毎日、外の食堂を利用するので、ランチのメニュー選びに苦労するという。ある日、会社の近くに一軒の店ができた。キンパ（訳注：韓国風のり巻き）専門店で、何種類ものキンパを食べられる。軽くランチするのにちょうどよかったので、オープンしてすぐに行ってみた。キンパのメニューだけでも十種類はある。牛肉、チーズ、ゴボウ、豚肉……。どれにしようか迷っていると、店主と思われるおばさんが笑いながら話しかけてきた。

「うちに来るのは初めてですよね。選ぶのが大変ですか？　うちの定番メニューはゴボウのキンパ。ゴボウは消化にいいし歯ごたえもあるから、若い子に人気なんですよ」

笑顔のおばさんにおすすめされて、友人は思わずゴボウのキンパを注文した。そして、おばさんが初心さえ忘れなければ、このキンパ店はうまくいくに違いないと思ったという。

用件だけ簡潔に。おそらく多くの人がこの表現を肯定的にとらえているだろう。これはまた、私が幼い頃、家にあった黒い固定電話や公衆電話ボックスによく書かれていた言葉でもある。電話代は高いので、言うべきことだけを簡潔に伝えて早く切るようにという意味なのだろう。この言葉が習慣として韓国人の遺伝子に刻まれてしまっているのだろうか？　キンパ店のおばさんのように、客に話しかける店員はいったいどれくらいいるだろう？

食堂に行って「いちばんおいしいのはなんですか？」と聞くと、たいていはこんな答えが返ってくる。「全部おいしいですよ」。そのあとに続く「忙しいんだから早く注文して」という本音があふれ出ている店員の表情を、誰もが一度は見たことがあるはずだ。店員の短い返事のあとで客はたいてい気まずくなり、結局、ぱっと目に入ったメニューを注文し、静かに座って食べて、店を出る。その食堂はただ食事をしたことがある場所としてしか記憶に残らない。料理がものすごくおいしいならともかく、平凡な料理しか出さない店なら、誰も常連にはならないだろう。客に対して「無駄なく早く簡潔に注文しろ」というマインドの店が繁盛するはずがない。「用件だけを簡潔に」。この言葉はまさに、常連になる可能性のある客を一度来たきり二度と来ない客にしてしまうのだ。

かく言う私も、じつは「用件だけを簡潔に」が習慣になっている一人だ。妻は私に日常のなんでもないことを話すのが好きなのだが、そのたびに私はこう言ってしまう。

「で、言いたいことは何？」

まったく恥ずかしい話だ。家での妻との会話ですら「用件だけを簡潔に」を求めてしまう人間が、はたして社会でさまざまな人とうまく話すことができるのだろうか？　無理だろう。

「用件だけを簡潔に」は結論を促す話し方だが、その結論とは、相手とのコミュニケーションを飛ばした一方的な会話の結論にならざるを得ない。その会話を通じて互いの関係を進展させることは期待できず、互いの気持ちを理解し合うのも難しい。

ベテラン講師たちが「講義も双方向スタイルでなければならない」と言うのをよく耳にする。講義は一方的なコミュニケーションの代表例と思われがちだが、じつはそうではない。聞く側の気持ちと意見を無視したまま、よい講義はできないのだ。

あなたは、互いのコミュニケーションが必要な状況にもかかわらず、「用件だけを簡潔に」で会話を台無しにして、人間関係を断ち切ってしまっていないだろうか?

今から練習してみよう。誰かから質問されたときに返事を一言で終わらせるのではなく、三つくらいの文章に増やしてみるのだ。レストランでも、「すみません」と言いながらクレジットカードを渡すだけではなく、「とてもおいしかったです。ご馳走様でした」と言ってみよう。そうすれば、あなたが思っている以上の反応が返ってくるに違いない。

「ほかに答えようがない」話し方は年寄りくさい

ほかに答えようがない、「答えは決まってるんだから、君はそれを言えばいいだけだ」という話し方。たとえば、「私、女優のキム・テヒ（訳注：美人で有名な韓国の国民的女優）の顔ってそんなに好きじゃないんだけど、今日キム・テヒに似てるって言われたの。あなたもそう思う？」という質問だ。そう言われたら、「うん、たしかに似てるね」と言わざるを得なくなる。うれしい気持ちを全力で隠しながら、「あなたも早く私に『キム・テヒに似てる』って言って」と返事を誘導するような「ほかに答えようがない」話し方の典型的な例だ。これでは一方的な会話で終わってしまう。相手に圧力をかけ、相手の本音を聞こうとしないために、互いの関係を発展させることは難しくなる。

では、職場ではどうだろう？　広告代理店で働く女性の話だ。パクさんのチームには、彼女以外にチーム長と課長と主任と、さらに新入社員が一人いる。パクさんは毎月、チームで行なわれる食事会の場所を決めなければならず、それが大変だという。ある日の会議の終わり際、チーム長が彼女に食事会をセッティングするよう言ってきた。

「月に一度、みんなで食事会をしないか。最近、食事をしながらライブや芝居を見るのが流行っているらしい。われわれもやってみないか。みんな、いいよな？」

店選びに任命されたパクさんは、数日店を探しまわった結果、演劇やミュージカル、ジャズのライブを見ながら食事を楽しめそうな店を三つ提案し、チーム長に相談した。するとチーム長は首をかしげて、こう答えた。

「今は社内の雰囲気的に演劇やミュージカルって感じでもないし……うーん、値段もちょっと高いね。有名な作品じゃないからあまり面白そうでもないし。ジャズ？私はジャズはさっぱりわからないな」

そして、結局こう言ったのだ。「まあ、難しいね。どこか近場でサムギョプサルでも食べながら焼酎飲もうか？　やっぱり思いっきりお酒飲めたほうが楽しいよな。

二次会はカラオケに行って、ストレスを発散しよう！」。

その言葉に、パクさんは腹が立った。だったら最初からチーム長が自分で決めればよかったじゃないか、なんで時間を無駄にさせるのか理解できない……。そんな気持ちになった。しかもこれは、一度や二度ではないという。毎回、チーム内で相談して決めたことに口は出さないと言いながら、やっぱり最後には口を挟んでくる横暴な上司へのストレスで、パクさんは円形脱毛症になってしまった。

目上の人や権力のある人たちが、その立場を利用してすべてを自分の思いどおりに推し進めたら、年寄りのイヤなイメージだけが残るだけだ。特に、意見を言わせておきながら一方的にその意見を無視するような言い方は、相手の成長を妨げる要因にもなるし、人間関係を発展させることもできなくしてしまう。

あなたも、自分の言葉を振り返ってみるといい。誰かに何かをさせておきながら「これはなんだよ！」と相手の意見を無視して、自分の主張を一方的に押し通してはいないだろうか。

相手の弱点には絶対に共感するな

自分の弱点は誰よりも自分自身がいちばん知っている。だとしたら、自分の弱みを誰かに言うのは、あくまで慰められたいからであって、何かアドバイスが欲しいからではない。それなのに、自分の弱みを打ち明けた相手の話をさらに深掘りしようとする失礼な人が多すぎる。

たとえば、あなたは報告書を作成するのが苦手な会社員だとしよう。自分の苦手なことを克服するために、報告書を頻繁に作成している同僚にアドバイスを求めたり、マニュアル本を買って勉強したり、ビジネススクールに通ったりしながら、報告書をうまく書くための努力をしている。それでも、すぐに努力が実るわけではない。明日、さっそく報告書を提出しなければならなくなった。あなたは上司に報告書を持っていくが、やっぱり惨敗。上司に叱られて落ち込んだあなたは、同僚とコーヒーを飲みながらこう話す。

「（ため息をついて）どうやって報告書を作成したらいいかわからないんだ」

「たしかに、君は報告書さえうまくつくれるようになれれば完璧なのにな」

「……」

「まあ、仕方ないさ。ほかの部署に移ることも考えてみたら？」

同僚の顔を見ると、心から心配してくれているようだ。しかし、その言葉を聞いたあなたはどう思うだろう？「ああ、さすがに僕の友達だ！」と感謝する気持ちになれるだろうか？　いや、そうはならない。正反対の気持ちになるはずだ。

「なんだよ、自分はどれだけうまく報告書をつくるっていうんだ。僕とほとんど変わらないくせに」

そう、その同僚はしくじったのだ。かけがえのない友人を一瞬にして敵にしてしまった。どうしてこんなことになったのだろう？　理由は簡単だ。誰かの弱点を突くような言い方は、たとえそれが真実だったとしても相手のプライドを傷つけてしまうのだ。相手は自分の弱点について共感されたというだけで、自分が攻撃されているように感じる。そのことがわからず、率直に言うのがよいことだと勘違いして相手の弱点に強く共感する姿勢は、会話を断ち切り、相手との関係をも終わらせてしまう。さらには相手が弱点を克服して成長する邪魔をしてしまう。

それは、ほとんど光の入らない真っ暗なトンネルの中に立っている人に光を与えるどころか、今にも消えそうなろうそくの火を消してしまうようなものだ。自分の弱点にコンプレックスをもっている人に対して投げかけるべきは、率直なアドバイスではなく、慰めの言葉である。それは相手の弱い部分を指摘しない言葉でなくてはならない。先ほどの場合、相手が言うべき言葉は、たとえばこうだ。

「僕も同じだよ。報告書をつくるのって本当に難しい。君も苦手だなんて思わなかった。いっしょに頑張ろう」

「仕事が忙しすぎて、報告書に割く時間なんてないよな。もうちょっと余裕があればいいのに」

「君はプロジェクトを管理したり社員を動かしたりしてるんだから、報告書をつくってること自体がすごいよ！」

相手のプライドを傷つけないように、コンプレックスの克服を手助けするような労い(ねぎら)の言葉をかけることが大事なのだ。相手に自分の弱点について相談されたときは、下手に共感の言葉を言ったり、ありのままを話したりするのでなく、まずはコンプレックスを抱える相手の悩みに寄り添ってみよう。

言い逃れは大きな災いを呼ぶ

職場に、私より二つ年上の先輩がいた。ある飲み会で、どんな理由だったかは覚えていないが、彼にアルコールを強要されたことがある。最近でこそ飲み会の雰囲気も変わったが、当時はまだ、先輩が勧める酒を断ることなどできなかった。一杯、二杯、三杯……、結局その日、何杯飲んだのか覚えていないが、当の先輩はほとんど飲まなかった。先輩はただ、ふだんあまり酒を飲まない私が酔っ払う姿を見たかったのだ。

翌朝、目が覚めたら半身が動かなくなっていた。右腕と右足が麻痺していたのだ。病院で診てもらったら、もう少しで大変なことになるところだったと医者に叱られた。数日経っても腕のしびれは取れなかった。そんななか、社内の廊下で偶然その先輩に出くわした。私はイヤな顔一つせず、「先輩、あの日、もう少しで大変なことになるところだったんです」と言ってみた。すると先輩はこう答えた。

「そうなんだ。ふだんから、酔っ払ってるところを見せておけばよかったのにな。ただ、おまえが酒を飲んで酔っ払うのを見たかっただけだよ」

その瞬間、私はその先輩と二度と話したくない、二度と関わりたくないと思った。損害賠償を請求しようかと思ったほどだ。そして何より、「ふだんあまり酒を飲まないおまえが悪い」と言い逃れに走る彼の態度に腹が立った。

自分の責任をうやむやにして、他人のせいにしようとする人はたくさんいる。もちろん私自身も、これまで責任を回避するような発言や行動をしたことがないとは言えない。私のせいで傷ついた人もいただろう。だが、「責任を転嫁する」言い方が相手をどれほど傷つけるか身をもって知ってからは、言葉と行動に気をつけるようになった。自分は立派だと言っているのではない。私にも、問題を起こすだけ起こして、その責任をいっさい取ろうとしない人に対して、怒りの感情をコントロールできなくなりそうになることがある。自分の責任を回避する言い方は、相手の怒りを引き起こす最も簡単な方法でもあるからだ。

間違った対応をしてしまったときは、はっきりと謝罪の気持ちを伝えよう。相手の心がどれだけ傷ついたかを思いやるのはもちろんだが、勇気を出して直接聞いてみたほうがいい場合もある。

私に酒を強要した先輩の例に戻ろう。もしあのとき、こんなふうに先輩が言ってくれていたら、どうだっただろう？

「申し訳ない。大変だったね。大丈夫？　本当にすまなかった」

そうは言っても難しいと思うかもしれないが、じつは意外に簡単だ。先輩が自分の過ちを認めて謝罪してくれていたら、今この本によくない例として彼のことを書くこともなかっただろう。自分の責任を私のせいにした先輩の態度は、いまだに私の心のなかにしこりとなって残っている。彼が自分の過ちを認めて、「すまなかった。申し訳ないからランチをおごるよ」とでも言ってくれていれば、彼は今でも私のいちばん親しい先輩だったかもしれない。

誰かに少しでも害を与えたことがあるなら、なんとしてでも自分の過ちを謝罪し、その責任を認める気持ちを伝えなければならない。「僕は知らない」「考えてみれば、私だけの責任じゃない」というような責任を転嫁する言い方は、相手を怒らせ、心の奥深くに消えない傷を残しかねない。逆に、すぐに自分の言葉や行動に責任を取るタイプの人は、周りからの信頼を得るだけでなく、人間関係もよい方向に発展しやすいだろう。

さあ、ここ一週間のあいだに、少しでも誰かをイヤな気持ちにさせるようなことを言ったり、そういう行動をとらなかったか、思い返してみよう。思いあたる節(ふし)があるなら、今すぐ心を込めて相手に謝罪のメッセージを送ること！　過ちを認めて、相手に寄り添うような口調で。

くどくど言い訳をするぐらいなら簡潔な謝罪の言葉のほうがマシだ

シェイクスピアの言葉に「簡潔こそが英知の神髄である」というものがある。長く考えていると話が長くなり、話が長くなれば、間違いも出てくるだろう。また、「あなたの話を聞く人は、話の間違った点を探そうとはするが、よい点を探すことはない」という言葉もある。話は短くなければならない。聞く側が退屈してしまうからだ。面白くない話を聞かなければならない理由はない。イライラして腹が立つだけだ。まさにその代表例が、校長先生の話である。

私が高校に通っていたときのこと。毎週月曜日の朝礼は悪夢のような時間だった。校長先生の話は、どうしていつも長いのだろう？　一言ですむ話がだらだらと続き、そのたびに私たち学生は朝から全エネルギーを使い果たした気分になった。退屈しのぎに意味もなく足で地面に落書きしながら、話が終わるのをただ待つ。そんなことの繰り返しだった。話の終盤は決まって、「最後に言いたいのは……」。この頃になると、我慢して話を聞いてくたくたになった生徒たちのため息があちこちから聞こえてくる。

校長先生の話の最中に逃げ出せば、午前中ずっと罰を受けることになるので、逃げ出すこともできなかった。暑い夏の日差しにめまいを感じ、寒い冬の日は手をこすりながら聞いていたあの時間、私たちはどれほどの怒りといらだちを我慢していたのだろう。

話すのが好きな人はじつに多い。しかし、弱い立場の者が強い者の話を一方的に聞かなければならない状況は、特に退屈である。それは、自分のほうが立場が上だから、相手は何も言わずに自分の話を聞くのが礼儀だという考え方にもとづく悪い話し方だ。一方的に自分の考えだけを話されると、聞く側はただ疲れてしまう。話は簡潔であればあるほどいい。相手が望むことを簡単にわかりやすく短く話す能力が必要なのだ。簡潔に話して、初めて「話し上手」になれる。「話が上手」と言われる人はたくさんいる。よく、言葉が途切れずに長く話すことができる人が話し上手だと勘違いされるが、それは違う。聞く人の立場になってみれば、そういう人の話は退屈でイライラするだけだ。

無駄に長い話は、立場が上の人にだけ見られるものではない。何かの言い訳をするときも話が長くなりがちだ。大学の講義のワンシーンを例に挙げてみよう。教授が言う。

「ミンチョル君、どうしてこんなにやる気のないレポートを出したのかね？」

学生の返事が長くなるのは、まさにこういうときだ。

「すみません。昨夜、やろうと思ったんですけど、寝てしまって、朝早く起きてやろうと思って、でも朝起きたら急に具合が悪くなって……その、だから……」

言い訳しようとすると、どうしても話が長くなる。そんなときには、こんなふうに言ってみよう。

「教授、申し訳ありません。次回からは気をつけます」

言い訳せず、相手の感情を汲みとり、簡潔に話すのが正解だ。「くどくどした言い訳」は「簡潔な謝罪」より悪い結果を招くこともある。自分の言い訳ばかりを並べると、相手の怒りを増長させてしまうことを覚えておこう。

ある小学校のクラスでは、「ティッシュはゴミ箱に」という目標を掲げている。短いが、小学生にとってはとてもわかりやすい文言だ。そう、組織のなかでも、仲間同士でも言葉は簡潔であるほどいい。そうすれば、言葉がもつ力はさらに強くなる。これからは、自分を守る言い訳に力を注ぐのではなく、短く簡潔に伝える練習をしてみよう。

うわべだけ親切な「お客様」口調

私は、月曜日にスーツを着なければならなくなった。ちょうどいい服を持っていなかったので、金曜日の夕方に買いに行くことにした。服選びに慣れていないので、店員に人気のスーツを一着選んでほしいと頼んだ。親切な店員は、感じのよく見えるスーツを勧めてくれた。

値段もリーズナブルだった。お世辞だとわかりながらも、店員の、「よくお似合いですよ」という言葉にうれしくなった。ズボンの裾を少し詰めてもらうことになり、「今夜、遅くになりますが、取りに来られますか？」と聞かれたので、私は「帰宅途中なので、明日か遅くとも明後日には取りに来ます」と答え、会計をすませて家に帰った。

次の日の朝、家から三十分の場所にある店に行くと、ズボンの裾直しはできておらず、午後にならないと受け取れないという。先に言ってくれよ、と思ったが、「すみません」と謝られたので何も言わなかった。せっかく来たので、久しぶりに近くのショッピングモールで買い物をして、何かおいしいものでも食べようと思ったら、少し気分が明るくなった。でも、ショッピングモールの駐車場が心配だ。そのショッピングモールは江南の中心にあるので駐車料がかなりかかる。そのことを洋服屋の店員に伝えると、店員は、「ご心配いりません」と二時間分の駐車サービス券をくれた。しかしやはり午後まで待つことはできず、私は「明日また取りに来ます」と言って、店を出た。

翌日またその店を訪ねると、昨日とは違う店員が出てきた。スーツを受け取った私は、昨日と同じように「駐車サービス券をください」と言うと、店員は、何を言ってるんだ？　という顔で私を見た。サービス券がもらえるのは品物を買ったときだけで受け取るだけのときには渡せないという。その瞬間、とても腹が立った。私はなんとか怒りを落ち着かせ、「昨日のうちにスーツができあがっていなかったせいで、三十分もかけてこの店に二回も来る羽目になったんですよ。それなのに、なんで駐車料金まで払わなければいけないんですか」と言った。すると店員はこう答えた。

「駐車料はそんなにしませんよ。たかが五〇〇〇ウォン払えばいいだけのことじゃないですか、お客様」

接客サービスを受けるどころか、物乞い（ものご）いをあしらうような対応だ。なんでこんな対応をされなくちゃいけないんだ？　私はあきれてイライラした。

いくら最後に「お客様」が付いていても、その店員の言い方に客を思う気持ちは微塵（みじん）も感じられなかった。ただ決まっていることだけを主張し、このやりとりを一刻も早く終わらせたいという態度がありありと表れていた。「早く帰ってくれ」と言わんばかりだ。結局、その店員は、自分が折れてやったと言うかのように、サービス券を渡してきた。

話すときには相手の立場に立つことが大事だ。会話術に少しでも興味がある人なら、このことは何十回と耳にしたことがあるだろう。ごく当たり前のことを言っているだけなのに、長年そう言われつづけているのには理由がある。相手の立場で話す人が少ないのだ。

相手側に立ってちょっと考えてみよう。相手の立場をすべて尊重しろと言っているのではない。相手のことを理解するような言葉で会話をスタートするだけでいい。結果はきっと、天と地の差があるはずだ。

物理的な距離と同じだけ心理的な距離も必要だ

人間にはパーソナルスペースをもちたいという本能がある。誰かと話をするときも同じだ。会話するときにはある程度の距離感を保とうとするものだ。そして、話し相手が誰かによって、その距離感は少しずつ違う。

話の内容によっても距離感は変わってくるが、親密な相手との会話や秘密の話をする場合は、その距離が縮まることがある。また、相手が最も楽に思える距離感で話すことこそがよいコミュニケーションの条件だ、という研究結果もある。たしかにそのとおりだ。あまり親しくない人にあまりに近くで話されるほど、落ち着かないことはない。一、二度会っただけなのに古い知り合いのように至近距離で話されるととても負担に感じる。物理的な距離は重要である。先ほど言ったように、誰でも本能的にパーソナルスペースをもちたいと思っているからだ。

そして、物理的な距離よりさらに重要なのは、「心理的な距離」である。これも正しい距離感を見つけなくてはならない。簡単に言うと、口を挟んではいけないときは口を挟まないということだ。特にプライバシーに関する無神経な言葉は、相手を怒らせやすい。他人のプライバシーについて話すときは、慎重かつ厳格に一定の距離感を保とう。

私が月に二回出席している読書会がある。その集まりで、会社勤めをしているというもの静かで親切な人と出会った。機会があって彼と酒を飲むことになったのだが、彼が体験した話を聞いてあきれてしまった。

「本を読んで人生について考える時間は、私にとってとても大事な瞬間です。一か月くらい前だったかな。こんなことがありました。ランチのあとにコーヒーを飲みながら、会社の同僚たちに『知り合いと古典文学を勉強しているんです。月に二回集まって、自分たちが読んだ本について話すんですよ』と言いました。すると先週、誰かが私についてこんなことを言っていると耳にしたのです。『チェ課長は仕事がないらしい。毎日、ソクラテスだか孔子だかの本を読む時間があるんだからね。こっちは新聞を読む時間もないっていうのに……』。私は裏切られたような気持ちになりました」

他人の私生活についてむやみに話すのは、その人の私生活を馬鹿にしているようなものだ。絶対にしてはいけない。たとえば、他人の宗教や好みなどについて、けなしたり、首を突っ込んだりしてはならない。他人のプライバシーを尊重できない人に向けられるのは、怒りだけだ。

言葉は生きている。よけいな一言で人間関係を台無しにしてはいけない。むやみに私生活に首を突っ込んでは一生消えない傷跡を相手に残すような愚かな発言は、控えよう。私生活は守られなければならない。他人のプライベートを尊重しなければならない。他人の生活はその人のものであって、あなたのものではないことを忘れてはならない。

よい話し方の法則④

フランツ&ベニグソン「謝罪にも適切なタイミングがある」

心理学者のシンシア・フランツとコートニー・ベニグソンは二〇〇五年、「謝るタイミングが謝罪の有効性に及ぼす影響」というタイトルの論文を発表した。

二人は大学生八二人（女性四七人、男性三五人）を対象に、謝罪のタイミングについての実験を行なった。全員に同じシナリオを読ませ、被害者の立場になってアンケートに答えてもらったのだ。実験のシナリオをまとめるとこんな感じだ。

あなたは月曜日に、恋人と金曜日の夜七時に映画を見る約束をした。するとちょうど、友人から金曜日の夕方のパーティーに参加しないかと誘われる。恋人と映画を見るよりパーティーのほうが楽しそうだが、恋人との約束のほうが先なので断った。そして金曜日の夜七時、あなたは映画館の前で恋人を待っている。ところが、いつまで経っても恋人は来ない。八時三十分を過ぎても来ないので、何か行き違いがあったのかと思い、あきらめて帰ることにする。

翌日、あなたは、恋人がパーティーで楽しんでいたという話を聞く。怒って電話をかけると、恋人は謝ってきた。

ここまでは同じシナリオだが、恋人の謝るタイミングが二パターンある。

一つは電話に出るやいなや彼がすぐに謝ってくる場合。二つ目は、彼女が恋人に対して怒ったあとで謝ってくる場合だ。どちらのタイミングのほうが、彼女の怒りは収まりやすいだろうか？

予想外の結果が出た。結果は、いきなり謝られるよりも、怒ってから謝られたほうがより気分がよくなるというものだった。過ちを犯したら、相手が自分の怒りを十分に伝えてきたあとに謝罪したほうが効果的だということだ。相手が怒る前に先に謝るのは、とにかく問題を早く解決して終わらせたいという印象を与えてしまう。わだかまりがあったままでは、どんな謝罪も耳に入らない。

怒りでも、寂しさでも、相手が今感じていることを言わせる時間を与えるのが先だ。フランツとベニグソンはこの結果について、謝られる側が相手を許すためには、怒りを冷ます時間、つまり「怒りの熟成段階」が必要だと言っている。「なぜ自分は腹が立ち、どんなに怒っているか」を伝え、相手が自分の心情を十分に理解したとわかって初めて、謝罪を受け入れることができる。そうでないと、どんな謝罪も不十分に感じられる。感謝の気持ちはすぐに言葉にしたほうがいいが、謝罪は違う。誰かに謝るときは、すぐに謝罪の言葉を口にするのではなく、少し待ったほうが効果的かもしれない。

第5章

攻撃的にならずに自分の意思を伝える方法

相手の感情を揺さぶるためには話し方に強弱をつけよう

もし、あなたがある程度高い地位にいるなら、強い口調で話しても許されるだろう。それは、会話の主導権を握るうえで、とても役に立つ方法だ。だが、問題が一つある。その口調が「リーダーシップ」ととらえられるか、それとも「パワーシップ」（訳注：権限のある人や地位の高い人が強圧的な態度を示すという意味の造語）ととられてしまうかという問題だ。

ただのパワーシップなら、あなたは真の意味で力をもっているわけではない。少しのあいだ地位が高くなっているだけで、しばらくは会話の主導権を握ったとしても、最終的にはあなたに対する反感が生まれる可能性が高い。では、「パワーシップ」と「リーダーシップ」は何が違うのかを見てみよう。

あなたは車を運転しながら信号無視をした。すると、まだ若い警察官があなたに車を停めろと合図をしてきた。交通違反をした車を停めさせる。それはまさに「パワーシップ」だ。あなたは、警察官を尊敬しているからではなく、その警察官が取り締まりの権限をもっているから、車を停止させるだけだ。こういう状況で警察官と仲良くなりたいとか、人間関係を発展させようと思う人はほとんどいない。仕方なく車を停めて、必要最低限の会話を交わして別れるだけである。このとき、警察官が高圧的な言葉であれこれ指示してきたとしても、ただ受け身の対応をするしかない。パワーシップによるこうした取り締まりを通して、自分を変えたいとか発展させたいなどと考える人はいないだろう。たいていは「ああ、運が悪かったな」と考えて、できるだけ早くその場を去って終わりだ。

一方、「リーダーシップ」にもとづく話し方はまったく違う。自分の地位や力を利用しながら、相手の成長を助けるような言い方でなければならない。例を挙げてみよう。

あなたはある会社のマーケティング部門のリーダーだ。新商品の発売に際して、部下を集めた。あなたは手短に商品の説明をしたあと、「今回発売される商品は顧客にも喜ばれるだろう」という言葉で会議を締めくくる。しかし、部下たちは「なんだ、また新商品が出たのか。面倒だな。だから、なんだ?」と思うだけで、すぐに新商品のことなど忘れてしまう。会議でのリーダーの言葉が非常に「弱かった」ためだ。いくらよい商品だったとしても、リーダーの言葉が弱ければ、部下たちの商品に対する販売意欲はあっというまに消えてしまう。

リーダーシップを駆使して自分の望むようにしたいなら、次のような強い口調で話さなければならない。

「今回発売される新商品は、わが社のブランド価値を広げるものだ。このチャンスを逃さず全力を尽そう。ほかの商品では妥協しても、この商品だけは絶対に妥協しないように」

言葉には、その人の考えがそのまま表れる。軽く言えば、聞く側も軽く受け取るし、重く強く言えば、相手もその言葉を簡単に忘れたりはしない。頑張って話しているつもりでも、その言葉が相手にしっかり伝わっているかどうかを考えなければならない。

どれだけたくさん話しても、どれだけ大きな声を上げても、相手が聞き流してしまえば、あなたが望むようなコミュニケーションにはならない。自分が言いたいことを口に出す前に、自分の言葉は相手にどんなふうに聞こえるかを考えてみよう。どんな話し方なら、相手の考えと感情を揺さぶることができるだろう?

誰かに何かを頼むときは、「……してくださるとありがたいです」ではなく、「ぜひお願いします。私も大変助かります」という言い方にしてみよう。相手の感情を刺激するためには、状況によって強弱をつけて話すことが重要である。

不可能を可能と言うのは肯定ではない

断るべきときは断るべきだ。曖昧な状況に置かれたときには、漠然としたまま肯定的に話すより、状況が厳しいということをきちんと言葉にしなくてはならない。

実際、私がいちばん苦手なのは、はっきり言うことである。なかでも、何かを断るときには、はっきり言うのが難しい。また私は、希望を捨てるような言い方をしないようにしている。だから、どんなに厳しい状況でも「できる」というのが口癖だ。

「絶対にやりとげます」

「最後までやってみないとわからない」

「せっかくだから最後まで頑張ってみます」

本来の私の性格では考えられない言い方である。内向的で人前に出ることが好きではない私がこんなふうに積極的に前向きな言い方をするのは、以前の仕事環境のおかげだ。私は営業マンとして何年も数多くの顧客とやりとりをしてきた。そのため、人と話すことにも慣れたし、どんな無理難題に対しても無条件にポジティブな言い方をするようにもなった。ただし、なんでも前向きに話せるようになった反面、断ることが苦手になってしまった。すぐに「ダメなものはダメだ」と言うことができないのだ。勇気を出して断ることができず、苦労することも多い。

何年か前のこと。ある顧客が難しい要求をしてきた。詳しいことまでは言えないが、だいたいこんな感じだ。

「他社さんはA技術をシステムに導入することができるそうです。御社でもできますか?」

これを聞いて、私は不安になった。

原則的にうちではできない、と言ったらどうなるだろう? 他社にもっていかれてしまうのか。だったら、とりあえず、「できる」と言っておこう……。

そこで、慎重にこう答えた。

「何か特別な問題がなければ、できると思います。ところで、契約を結ばないといけませんよね?」

こんなふうに話題を変えて、この話を終わらせた。すると、すぐに問題が起こった。顧客が、A技術をシステムに導入するという条項を含む契約を結び、うちのシステムを導入すると言ってきたのだ。社内の担当者に聞いてみると、やはりうちの会社では絶対に無理だと言われた。それからのことは……。ああ、思い出したくもない。

会話とは、別々の人間が、それぞれ別の期待をもって近づき合う過程といえるだろう。相手は私に対して、すでにある程度の期待を抱いている。私はそれを満たすことができなければならない。満たせなければ、相手は私を話し相手とはみなさないからだ。

だからといって、不可能なことをむやみに可能だと言うのは最悪である。はっきりしないことを曖昧に肯定する言い方が癖になっている人は気をつけたほうがいい。そんなことをしても、相手とのあいだに問題が起こるだけだ。先ほどの場合、私はこう言えばよかったのだ。

「現状では、A技術をシステムに導入するのは難しいと思います。ただ、何か策があるか、社内で検討したうえで改めてお知らせします。一週間ほどお時間をいただけませんか?」

これくらい言っても、顧客との関係は壊れなかっただろう。

生半可に「曖昧な肯定」をしてしまうと、相手はあとで「だまされた」と思うかもしれない。曖昧な言い方は、すぐに相手の信頼を裏切る結果を招くことがある。

はっきりと言えない状況なら言わない。それができないなら、はじめから「謙遜(けんそん)しながら、否定的な言い方をする」こと。そのほうがむしろ、会話をスムーズに進められるだろう。

断りの返事のあとには必ず肯定的なコメントをつける

私たちは「ノー」と言うことに慣れていない。はっきりと言葉にして断ることが恐いのだ。逆に、顔の表情や身振りなどで「ノー」を示すことが多い。「明朝までに報告書を書いておけ！」と上司に言われたら、「明日の朝まではできません」と答えるより、無理だという表情をしてしまう。「顔を見てわからない？」といわんばかりの表情で気持ちを表し、相手が要求を撤回することを願うのだ。だが、結局うまくいかず、クオリティの低い報告書を提出する羽目になる。そうなれば、上司に叱られ、評価も下がり、人間関係も悪化するだろう。そうこうするうちに今度は自分が上司の立場になり、部下に同じような態度で指示し、相手の断りの表情は見ないふりをする。

断ることはそれぐらい難しい。とはいえ、よくない習慣は一日も早く直さなければならない。はっきりと断らずに曖昧な表情と行動でわかってもらおうとするのは最悪のコミュニケーション法だ。そういうことをしていると、社会は後退し、人々の創造性や斬新な考えをつぶしてしまう。相手にわかってもらおうとするのではなく、断るべきことは、はっきりと断ろう。断るべきタイミングで断れないまま、相手の言葉や行動に引っ張られていては、会話の主導権を握ることはできない。今こそ断り方を習得しよう。

では、どう断るか？　覚えることは一つだけ。肯定的に「ノー」と言うのだ。断りながらも、肯定的な言葉を付け加える。例を挙げてみよう。母親が子どもを呼んでこう言う。

「チョルス、床掃除を手伝ってくれる？」

「お母さん、それって僕の仕事じゃないでしょ」

この瞬間、母親の心にイライラが芽生える。職場でも同じだ。上司が部下を呼ぶ。

「パク君、申し訳ないけど、明日の朝までに売上分析の資料を提出しないといけないんだ。ちょっと手伝ってくれ」

「チーム長、それって私の仕事ではありませんよね」

こんなふうに答える部下とは決していっしょに働きたくないだろう。こういった「取りつく島のないノー」は相手を怒らせるだけだ。返事のうまい子どもなら、そしてコミュニケーション能力の高い部下なら、次のような「肯定的なノー」を使うだろう。

「お母さん、手伝うのは宿題が終わってからでいい？」

「チーム長、今晩は先約がありまして。明日の朝、早く出社してお手伝いするのでもいいですか？」

どちらも、相手を怒らせずに断れる言い方だ。俗にいう、「生意気なやつ」と「礼儀正しい人」の分かれ目は、こういった一言にある。子どもや部下など立場の弱い人を例に挙げたが、じつは「肯定的なノー」は立場の強い人にはさらに必要な言い方である。

あるプロジェクトを進めるためにいくつかの会社から見積もりを取り、そのなかから一社を選び、あとの会社は断らなければならないとする。そんなとき「御社は価格的に考えられません」と露骨に言えば、先方は傷つき、今後その会社と取引することはできなくなるだろう。もう二度と関わらないのであれば問題ないかもしれないが、そんなにドライでいいのだろうか？

断りの言葉も礼儀正しくなければならない。たとえば、次のような言い方にしよう。

「残念ながら金額があと一歩でした。ですが、技術はすばらしいです。また別の機会に、ぜひいっしょにお仕事させてください」

それが真実であれ嘘であれ、このような言い方をすれば、今後もその会社とうまくやっていけるはずだ。ビジネスで結ばれた関係をむやみに壊さないですみ、今後にもつながる。あなたは、どんな言い方を選ぶだろう？

第三者の力を利用すると言葉に重みが増す

生活用品の関連会社に勤めている、あるチーム長の話だ。彼の会社にかける情熱はすごい。彼は義母の家に行くと、真っ先にお風呂場に向かうという。もしそこにライバル社の製品があれば、何も言わずゴミ箱に捨て、すぐ近くのスーパーで自社のシャンプーやら石鹸やらを買ってきて、お風呂場を埋めつくすのだ。その情熱のおかげか、社内での彼の評価は高い。私は彼の話を聞いて、尊敬の念を抱くとともに、「はたして私は、自分の会社にそこまで情熱をもっているだろうか?」と恥ずかしくもなった。

そんな彼の話には説得力がある。会議などを自分のペースで進められる人の話し方だ。

彼は、権威のある人をうまく利用して話すという。そもそも自分自身がチーム長なので、彼自身も社内でそれなりに力をもっているはずだ。それでも彼は、より地位の高い人、あるいは権威のある第三者を積極的に利用して話す。成果の出ない部下がいたり、部下の努力が成果に現れなかったりするとき、こんな言い方をするのだ。

「チェ代理、理事が君を心配してたよ。『能力はあるのに、なかなか成果が出ないようだね』って。君のことを『部署のエースだ』とまで言っていた」

部下に強く何かを伝えたいときは、直属の上司自らが意見するのが最も楽で簡単な方法だ。しかし、さらにレベルを上げたいのであれば「権威ある第三者の言葉を引用した」言い方が最適である。論理的に話したり感情的に話したりするより、その場にいない第三者の言葉を引き合いに出すことで、会話の主導権を握りやすくなる。

必ずしも自分の意見をストレートに言うことが効果的とはかぎらない。第三者の言葉をうまく利用することで、言葉に重みを与えることができるのだ。

ちなみに先ほどの例で実際にチーム長が理事から聞いた話はこうだ。「チーム長、あなたのチームには能力の高いスタッフがたくさんいますが、実績はまだまだですね。もう少し部下たちを激励して成果を引き出せるよう頑張ってください」。そう、理事はチェ代理個人の話をしたのではなく、チーム全体に言及しただけだった。

では、チーム長は嘘をついたことになるのだろうか？　いや、そうではない。チェ代理もチームの一員だ。だから、この程度では嘘とは言えない。いわば、言い換えである。高圧的にならず、相手の話を一方的に遮らずに会話の目的を果たすため、すなわち相手に自分が望むことをしてもらうための話し方といえるだろう。第三者の権威を利用するとは、まさにこういうことだ。

もちろん、どんなときでも第三者の名前を出せばいいというものではない。それでは、相手をいらだたせるだけだ。

「私は理事のことをよく知っているのだが、その理事が言うには……」という言い方もうっとうしいと思われるからやめよう。そういう言葉を何度も繰り返すとかえって信頼を失うので、要注意だ。「これで理事が黙ってると思うのか？」というような高圧的な言い方で第三者の意見を利用するのもよくない。第三者の言葉は、それが「よい意見」のときだけ相手に伝えよう。身もふたもない脅迫じみた意見に第三者の名前を出すくらいなら、はじめから自分の考えだと素直に言ったほうがいい。そうすれば、最低限の関係は壊さないですむだろう。第三者の権威を利用するのは、相手を肯定するときにだけ効果的だということを忘れずに。

厳密な論理より感情的なアプローチを優先する

せっかちな人と思われて、いいことはあるだろうか？　相手を説得しようとして、また論理的に話そうとして、単刀直入に本題に入るような話し方は、相手にプレッシャーを与えてしまう。もちろん言いたいことがはっきりせず、だらだらと回りくどく話す人は信頼されない。そういう話し方をされると相手はもどかしくてたまらなくなるだろう。しかし、だからといって「結論は何？」とにべもなく言われたら戸惑うはずだ。ずかずかと土足で踏み込まれたような、イヤな気持ちになる。そこで、「気持ちまで相手に合わせて話をするのか？」という質問に対して、私は「そうだ。相手に気持ちを合わせて話さなければならない」と答えよう。相手の気持ちに合わせることもできないのに、どうやって話を続けられるというのだろう。結論を聞く前に、相手が何を話そうとしているのかを知ることが大事だ。相手のことは考えずに、一方的に自分の意見だけを強要するのは正しい会話の仕方ではない。

真理を明らかにするのは重要だ。しかし、その真理を明らかにするためには、相手の気持ちをさらに盛り上げたり、反対に気持ちを落ち着かせるような言い方で相手の心をつかむことが先決だ。ドアを開ける準備もできていない人が、部屋の中にあるものについてあれこれ口出しできないのと同じである。厳密な論理より感情を優先しよう。口先だけで中身のない人を非難する前に、中身があってもうまく言葉になっていない自分を反省すべきだ。

ゲーム会社で開発担当をしている友人がいる。しかし彼は、その会社でのゲーム開発はそんなに面白くないという。彼の夢は米国のシリコンバレーの人たちのように、白髪になってもゲーム開発を続けることだ。六年間、開発者として生きてきた彼に、ある出来事が起こった。他の部への異動が決まったのだ。彼は開発者として優秀なだけでなく、レポートや状況整理にも長けていたため、会社は彼を企画部に異動させた。企画部は社内でも花形の部署で、社内の人々は彼の異動を羨ましがった。「やっぱり仕事のできる人は違いますね。おめでとうございます！」。そういう言葉を何十回も聞かされた。

だがそれは、彼の気持ちを知らないから言えた言葉だ。異動先がいわゆるエリート部署だったとしても、開発者として生きていくと決めた彼にとっては歓迎できない話だった。会社の意向に逆らうこともできず、結局、企画部に異動した彼は、やりたい仕事ができなくなり、毎日耐えられないほどつらかったという。

半年も経つと、夜眠れない日が続いた。皮肉なことに、会社では仕事ができると認められ、さらにつらくなった。ついに我慢できなくなった彼は勇気を出して、部長に面談を申し込んだ。

「私のことを買ってくださり、ありがとうございます。ですが、私のために、そして会社のためにも、私がもっと得意で興味のある分野でやらせてもらえないでしょうか？」

部長はすぐにこう返事した。

「私は長いあいだ現場で働いてきた。だから、私の言うことを聞いたほうがいい。開発部より今の部署のほうがはるかに君のキャリアのためになる。いつまで開発だけやってるつもりだ？　今開発部に戻ったら、二度と企画部には戻れないんだぞ。君が企画部でうまくやれるとわかっているから、言っているんだ」

友人はがっかりした。自分のやりたいことにはまったく共感してもらえないまま、一方的に自分の考えだけを押し付けてくる部長に失望した。面談するまでわからなかったが、話をすればするほど「ああ、この人に自分のキャリアを任せられない」という気がしたという。「可能性」より「問題」にしか目を向けない部長の話を聞いているうちに、自分はただ会社の付属品とみなされているという思いが強くなった。もしこのとき、部長がこんな一言を付け加えてくれれば、それだけでもう少し肯定的に話を続けることができたかもしれない。「悩んでいるんだね。これまで大変だっただろう」。

「この一言があれば、企画部に残っていたかもしれない」と彼は話す。自分の悩みに少しでも寄り添ってくれる言葉があれば、結果は違ったということだ。結局、彼は会社を辞め、同業他社の開発部に転職した。会社にとっても、部長にとっても、そして彼自身にとってもプラスになることは一つもなかった。

米国のある会社は、社員の強みと弱点の定義をこれまでとは変えたそうだ。強みとは「得意なこと」ではなく「関心があり、学ぼうとする情熱をもて、持続的にやりたい分野」を指し、逆に弱点は、いくら得意なことでも本人が「やりたがらないこと」だという。はたして、私たちは相手の本当の強みと弱点を知っているのだろうか？　相手の関心に対する最低限の配慮もなしに話すことこそ、コミュニケーションを台無しにする最悪の行為なのだ。

正直すぎると結局自分が傷つくことになる

四十歳を過ぎた今、私は大学院に通っている。年齢に対するコンプレックスがまったくないと言えば嘘になるが、カウンセリング理論、グループカウンセリング、異常心理学、ビジネス心理学、人材開発論、経営戦略など興味のある分野について学ぶことの楽しさを実感している。教授の話も、一つ一つすべてが興味深い。「ああ、学生時代に今みたいに勉強していたら、今頃立派な学者になっていたのに！」と思うこともあるが、『心配しないで』（訳注：韓国の歌手、チョン・イングォンが二〇〇四年に発表した曲）の「過ぎ去ったことにも意味があるのだろう」という歌詞に、いつも慰められている。

ある日、教授と話す機会があった。私はその教授に、学生たちのどんな言葉や態度にイラッとするか聞いてみた。失礼なことを言われたとき、単位をくれと言われたとき、授業中に居眠りされたとき、あるいは携帯電話をいじり出したときといった答えが返ってくるとばかり思っていた。ところが、教授の答えは意外なものだった。

「ネットで探してみたんですが」

「NAVERまとめ（訳注：韓国発信のまとめサイト）を見るかぎりでは」

教授は、レポートや発表をするときに学生がこういう言葉を使うと、やる気を感じられなくて腹が立つそうだ。さらに言えば、勉強するために進学した大学院生からこの言葉を聞くと心が重くなるという。インターネットは世界中の情報の宝庫だ。しかし、インターネットがまるで絶対的であるかのように言うのは、学問への冒瀆（ぼうとく）だと教授たちは考えている。あなたが大学院生だとしよう。教授の前で発表するとき、次のAとBのどちらを使うべきか。

A「インターネットで検索したところによると……」

B「大韓民国学術情報資料院の資料で見つけた論文によると……」

Bこそ、自分の価値を高めることができる。ある分野のプロとして認められたいのなら、自分の価値を下げるような言葉、自分の弱点をさらすような言葉を使わないことだ。プロならプロらしく、会社員なら会社員らしく、大学院生なら大学院生らしく話さなければならない。

日常的に使っている言葉をもう一度考え直してみよう。プロの姿勢を見せなければならないときに、間違った言葉を使っていないだろうか？　真剣味のない言葉を使うことは、勝負すべきところで自ら弱点をさらしているのと同じだ。

「信頼される人」になれるかどうかは言い方で決まる

同じ話でも、誰が話すかによって聞く側の気持ちは変わる。政治家が話せば政治家の言うことのように聞こえ、警察が話せば警察の言うことのように聞こえる。先生の話は先生らしく聞こえ、営業マンの話は営業マンらしい感じがする。ただし、詐欺師の話だけは詐欺をしているようには聞こえないという問題はあるが……。いずれにしても、話す人の考えや感情とは関係なく、一般に、その人の地位や立場によって言葉の聞こえ方も変わる。

それは単純に職業の問題だろうか？　もっと重要なことがあるのではないだろうか？　警察官のなかには、善良な警察官もいれば、悪い警察官もいる。先生もほとんどはよい先生だが、なかには悪い先生もいる。よい政治家もいれば、悪い政治家もいる。ここでストップ。では、あなたの仕事に置きかえてみよう。

もう一度考えてほしい。あなたはカフェのオーナーかもしれないし、会社の課長かもしれない。あるいはクレーム処理担当の公務員かもしれない。さまざまな職業についているはずだ。どんな仕事でも人との関係が大切だと思うが、コミュニケーションをとるなかで私たちは「よい」人と思われなければならない。カフェの「よい」オーナー、会社の「よい」課長、「よい」公務員と思われれば、あなたの言葉も「よい」ものととらえてもらえるだろう。特に成熟した人格を備えていると思わせるような話し方をすることが重要だ。

いつだったか、高校時代の同級生が集まったときのこと。ある友人の名前が挙がった。

「ギョンワンって覚えてる？　あいつ、最近何してるんだろう？」

「ああ、大企業に就職したけど、辞めて公認仲介士（訳注：不動産取引に必要な韓国の国家資格）になるんだって」

「なんで大企業を辞めたんだ？　悪いことしてクビになったんじゃないの？」

だんだん、その友人のよくない噂話に発展しそうになったときだ。

静かに話を聞いていたある友人がこう言った。

「でもギョンワン、高校のとき、いいやつだったじゃん。正義感も強くてさ。きっと今もいいやつだよ。あいつなら、どこで何をしてもうまくいくよ」

その後、ギョンワンはいいやつだったという話で盛り上がり、「今も元気に暮らしてるさ」という言葉でこの話題は終わった。高校時代から二十年以上経っているにもかかわらず、「あのときいいやつだった」という思い出に触れただけで、みんな「今もいいやつに違いない」という気持ちになったのだ。では、自分自身を振り返ってみよう。

私はいい人だったか？

まあ、過ぎ去ったことは変えられないので、過去は仕方ないとしよう。

では、これはどうだろうか？

今、私はいい人か？

今度は、今の自分の発言や行動を振り返ってみよう。あなたは今、いい人でなければならない。いい人だと周りに認められなくてはならない。お金持ちだとか、実績があるとか、そういうことではない。人格的にいい人だと思われなくてはならないのだ。私自身の経験から見てもそうだ。私のほうがマシだと思っていた人が、いつのまにか私を追い越して先に昇進して認められているのを見ればわかる。そういった人たちがどう言われてきたか、思い返してみよう。あなたもこんなふうに言われることを願って。

「あの人のすることは信頼できる！」

「あいつは馬鹿なことをするようなやつじゃない」

「ほかの子はどうかわからないが、あの子だけは絶対に結果を出す。それは私が保証する」

では、あなたはどんなふうに言われているのだろう？　自分が思っているよりも悪く言われていないだろうか？　もしそうなら、今からでも自分を守り、大切にしようという気持ちで、人格的に成熟した言葉を使うと誓ってみよう。

自分を守る勇気が本当の勇気

勇気とはなんだろう？　韓国の国語辞典には「勇ましいさま。または物事を恐れない気概」と書いてある。「怖がらない」という言葉を勇気の同義語としていることが多い。たしかに、勇気とは自分が行動を起こす前に失敗を恐れないことだが、自分の役に立つと思ったことを積極的に行動に移すという意味でもある。そう、自分自身を守る勇気は真の勇気である。自分を守ることも勇気だと知ってこそ、周りの人たちとのコミュニケーションが楽になる。

あなたがインフルエンザにかかったとしよう。体調不良を我慢するのは、勇気だろうか？　いや、違う。もし体を動かすことができないのに我慢をしているなら、それは勇気の反対、「無謀」といえるだろう。大変なときに大変だと言うのは、弱いからではなく勇気があるからだ。もちろん、「痛みや苦しみを盛って」大げさな言い方をしろというのではない。私たちが目指すのはそういうことではない。本当に痛いときに痛いと言うだけでいいのだ。それはきっと自分を守ってくれるはずだ。どんなときでも強く見せたり、痛みを無視したりする言葉や行動は愚かである。

私はかつて、本を買うたびにその本の隅に「HELPING OTHERS（他人を助けること）」と書きこんだ。私が愛読していた経営関連書の著者である教授の人生の目標が「HELPING OTHERS」だったのだ。その言葉をとても気に入り、私も真似をしていたのだ。ただそのときは、「助ける」だけに焦点を当てていた気がする。私は、誰かを助けることと同じくらい誰かに助けを求めることが苦手だったからだ。助けを求めてはいけない状況でむやみに助けてほしいという人も問題だが、助けを求めなければならない状況なのに「そんなことしなくていいのに……」、「私がやるから……」といって助けを受けようとしない人も問題だ。

私たちは社会のなかで生きている。他人といっしょに働く能力、すなわち協力する力が大切だ。「するべきことはしなければならない」以上に「受け取るものは受け取るべき」を念頭に置くこと。「何か助けられることはありませんか？」という言葉も必要だが、「助けてください」と声に出す勇気も必要なのだ。

じつは、私は協調性に欠けていると言われたことがある。組織のなかでも仲間がいるときでも一人で何かをやることに慣れていて、誰かといっしょにやることが苦手だった。チームワークが嫌いだったからではない。誰かに助けられることについて考えすぎていたのだ。協力やチームワークや助け合いについて難しく考えていた。だから、「助けてほしい」と言えなかった。あなたには、私のような過ちを繰り返さないでほしい。

世の中は、助けを求めれば、誰かがきっと助けてくれる。あなたは今どんな状況だろう？　大変な状況だとしたら、「手伝ってもらえませんか？」とか「お願いできませんか？」と言って助けを求めよう。じっとしているだけでは誰も動いてくれない。助けてくれない人が悪いのではなく、聞こえるように助けを求めていないのがいけないのだ。痛いと言わなければ、誰もあなたの痛みに気づいてはくれない。痛いときには痛いと言う勇気をもとう。

あなたが今いちばん悩んでいることはなんだろう？　あなたを助けてくれる人は誰だろう？　さあ、勇気をもって「助けてほしい」と言ってみよう。

自分を守る話し方をするのは自然なこと

作家のJ．D．サリンジャーは『キャッチャー・イン・ザ・ライ』（白水社、村上春樹訳）で主人公を通して自分の考えをこう記している。

「でもとにかくさ、だだっぴろいライ麦畑みたいなところで、小さな子どもたちがいっぱい集まって何かのゲームをしているところを、僕はいつも思い浮かべちまうんだ。何千人もの子どもたちがいるんだけど、ほかには誰もいない。つまりちゃんとした大人みたいなのは一人もいないんだよ。僕のほかにはね。それで僕はそのへんのクレイジーな崖（がけ）っぷちに立っているわけさ。で、僕がそこで何をするかっていうとさ、誰かその崖から落ちそうになる子どもがいると、かたっぱしからつかまえるんだよ。つまりさ、よく前を見ないで崖の方に走っていく子どもなんかがいたら、どっからともなく現れて、その子をさっとキャッチするんだ。そういうのを朝から晩までずっとやっている。ライ麦畑のキャッチャー、僕はただそういうものになりたいんだ。たしかにかなりへんてこだとは思うけど、僕が心からなりたいと思うのはそれくらいだよ。かなりへんてこだとはわかっているんだけどね」

すぐそこに崖がある広いライ麦畑で、あなたがもっているものを思う存分発揮している姿を想像してほしい。もしかしたら、すぐ先が崖だとも知らずに、楽しく遊んでいるうちに墜落死してしまうかもしれない。あなたがそんなことにならないように、今まで話してきたことがあなたの話し方の習慣を振り返るきっかけになることを願う。

誰にでも知識があり、夢がある。楽しく遊びたいし、楽しく暮らしたい。会話も同じだ。誰かと話すことを苦痛に感じるのではなく、会話によって何かを得て、成長し、成功する人生を歩みたい。ただし、相手の気持ちを考えない会話はなんの意味もない。いくら論理的に正しかったとしても、相手が聞く耳をもたなければ意味がないのだ。あなたが会社員なら、会議を思い出してみてほしい。意見が正しいか正しくないかより、誰がより多く支持されているかによって、会議の結論が変わるという場面に出くわしたことはないだろうか？ それだけではない。「あの人はいい人だから」という言葉一つで、理屈に合わないことを言っているのに認められる人がどれだけ多いことか。「いい人である」ことと「言っていることが正しい」ことは別なのに、同じものとして扱われることはとてもよくある。

自分の言葉に説得力をもたせるためには、次の三つのうちの一つが必要である。

その一、地位。会社の上司、金持ちの顧客、取り締まりをする警察のような立場になるということだ。**その二、人格者になること**。いい人だという印象を与えれば、言葉も説得力をもつようになる。ただし、地位も人格もすぐに手に入れるのは難しい。だとすれば、私たちが活用できる唯一のものは、**その三の話し方である**。状況に適した話し方をすることで、望むものを得ることができ、自分の成長のための道具として活用できる。

自分の本能とは違う話し方をすることを決して変に思わないでほしい。生存本能として話し方を変えるのは「善」そのものだからだ。古代哲学者エピクロスもこう言っている。「煩いを受けないように人々から自分を守るためには、およそこの目的を達成するてだてとなりうるものはすべて、自然的な善である」（『エピクロス――教説と手紙――』岩波文庫、出隆、岩崎允胤訳）

自分を守る話し方は、小手先の技法ではない。それ自体が善であり、美しい。あなたは今、自分自身を守る話し方をしているだろうか？ 今日一日、話し方に気を使うことによって、どれだけ自分自身を大切にし、世の中の苦痛から自分を守り抜いたかを確認してほしい。

よい話し方の法則⑤

知識の呪い……ときには知識が意思疎通を妨げる

他人の行動や反応を予想するとき、自分がもっている知識を他人も知っているはずだという固定観念に縛られて、現実とのずれが生じることがある。これを、「知識の呪い」という。

米国の心理学者エリザベス・ニュートンは「知識の呪い」に関連した実験を行なった。

彼女は実験に参加した人を二つのグループに分け、それぞれに「叩く人」と「聞く人」の役割を与えた。「叩く人」は、バースデーソングや米国人なら誰でも知っている歌のタイトルが二五曲書かれたリストを受け取り、その中から一曲選び、テーブルを使ってその歌のリズムを叩く。「聞く人」は、歌のタイトルは知らないまま、叩く音だけを聞いて歌のタイトルを当てる。

実験をする前に、相手が正解する確率がどれくらいだと思うかと「叩く人」たちに尋ねたところ、「正解率は五〇パーセント」と予測した。

では、実験の結果はどうだったか？　歌のタイトルを当てたのは、たったの二・五パーセントだった。計一二〇曲で実験を行なったが、たった三曲しか正解しなかったのだ。

これこそまさに、「私が知っているんだから他人も知っている」と考える「知識の呪い」の実験結果だ。叩く人たちは、心のなかでその歌を歌いながらテーブルを叩いていたので、相手も簡単に当てられると勘違いした。しかし、聞く人にとってみれば、それはモールス信号と変わらなかったのだ。

「知識の呪い」は日常生活でもよく起こる。教師は自分が知っていることを生徒たちに教えるのに、少し教えれば十分だろうと思い込み、会社の上司は大まかに言っただけなのに部下はすべて理解していると勘違いする。自分が知っていることを相手がわかってくれないと腹が立つのも、「知識の呪い」によるものだ。

自分が知っていて相手が知らないときに、有無を言わさず知識を教え込もうとしても、その知識の価値を相手と共有するのは難しい。優先すべきは「知識の呪い」を解くことだ。自分がどのようにその知識を得たのかをまず思い出し、次に知識を共有できる環境をつくってから、相手とコミュニケーションを図らなければならない。知識の共有には知恵と忍耐力が必要だということを忘れないでほしい。

著　キム・ボムジュン
作家・講演者。高麗大学政経学部経済学科を卒業後、SK ブロードバンド、サムスン SDS を経て、現在は LG ユープラスに在職中。LG やサムスングループなどの大企業や、各種金融機関、韓国科学技術研究院などの公共機関で、ビジネスコミュニケーション・ソリューションに関する講演活動を行なっている。職場におけるコミュニケーションに関する著作を中心に、これまで 20 冊余りの著書を発表している。

訳　朝田ゆう（あさだ・ゆう）
日本大学芸術学部卒。ライター、韓国語・英語翻訳者。映画、料理をはじめ、韓国やヨーロッパ各国の文化を幅広く取材し、さまざまな媒体に紹介している。

• デザイン …………小栗山雄司
• 装画 ………………白根ゆたんぽ
• 校正・校閲 ………大島祐紀子
• DTP………………生田 敦

「また会いたい」と思われる人は話し方が違う

発行日………2023 年 4 月 2 日 初版第 1 刷発行

著　者………キム・ボムジュン

訳　者………朝田ゆう

発行者………小池英彦

発行所………株式会社 扶桑社
〒 105-8070
東京都港区芝浦 1-1-1 浜松町ビルディング
電話　03-6368-8870（編集）　03-6368-8891（郵便室）
www.fusosha.co.jp

印刷・製本…株式会社 加藤文明社

Printed in Japan　ISBN978-4-594-09394-5